大数据驱动下会计信息挖掘与处理研究

辛侯蓉 著

东北林业大学出版社
Northeast Forestry University Press
·哈尔滨·

图书在版编目（CIP）数据

大数据驱动下会计信息挖掘与处理研究 / 辛侯蓉著
. — 哈尔滨：东北林业大学出版社，2023.5
　ISBN 978-7-5674-3159-1

　Ⅰ . ①大… Ⅱ . ①辛… Ⅲ . ①会计信息 — 财务管理系
统 — 数据处理 — 研究 Ⅳ . ① F232

　中国国家版本馆 CIP 数据核字（2023）第 085634 号

责任编辑：李嘉欣
封面设计：马静静
出版发行：东北林业大学出版社
　　　　　（哈尔滨市香坊区哈平六道街 6 号　邮编：150040）
印　　装：北京亚吉飞数码科技有限公司
开　　本：787 mm×1092 mm　1/16
印　　张：14.25
字　　数：231 千字
版　　次：2024 年 3 月第 1 版
印　　次：2024 年 3 月第 1 次印刷
书　　号：ISBN 978-7-5674-3159-1
定　　价：59.00 元

前　言

当前,随着社会经济的不断发展,全球经济一体化趋势更加明显,企业的生存与发展环境变得更为复杂,竞争压力也不断增大。在激烈的市场竞争下,谋求自身更大的发展是当前企业需要思考的重要问题,也是各个企业中财务管理人员关注的话题。在新的历史时期,"两耳不闻窗外事,一心只管财务账"这种故步自封的时代已经结束了,在新的时代背景下,要想做好企业的财务工作,一定要紧跟时代的步伐,转变企业自身的财务理念,树立变革与发展的新意识,财务人员也需要不断学习新的知识,将大数据技术、信息技术、云计算等新的元素融入财务工作中,这样才能不断提升会计工作的效率。

早在 2011 年,"大数据"这一概念就被提出来了,信息的多元化发展引发人们对数据处理的高要求,大数据的出现使数据处理工作有了更强大的决策性与系统优化能力。云计算将数据从硬件转向虚拟系统,大数据是对数据的高效处理,这样二者的结合就成为可能,云计算为大数据的数据处理工作提供平台,大数据借此提升自身的数据查询与分析能力,企业借助这些技术,实现会计管理系统的优化升级,简化财务报销的流程,从而真正发挥财务共享中心的优势和作用,推动企业会计工作的快速发展。

本书共包括八章内容。第一章对大数据与会计信息进行概述,主要阐述了大数据的概念与分类、会计信息的基本理论以及数据与信息的关系。第二章分析了大数据驱动下的会计信息发展,论述了发展趋势、具体问题以及解决思路。第三章从云计算技术、物联网技术、人工智能技术三个层面分析了大数据驱动下会计信息挖掘与处理的技术支撑。第四章介绍了会计信息总账的设置与管理,包括总账管理、初始化设置、凭证处理和出纳处理。第五章为大数据驱动下会计信息基本业务的处理,主要介绍了资产权益与所有者权益、收入成本与利润分配、会计报表分析、财产清查及处理四大层面。第六章为大数据驱动下会计信息供应链各环节业务的处理,主要介绍了采购业务处理、销售业务处理、库存业务处理。第七章分析了大数据驱动下会计信息处理的智能化发展,论述了智能会计的核算、分析与决策三大程序。第八章为财务共享中心的构建,包括财务共享的战略定位、财务共享服务中心的建设、财务共享模式下的业财融合、财务共享的智能化发展等内容。

本书在撰写过程中力求做到理论与实际相结合,深入浅出、通俗易懂。对会计理论知识的介绍以会计信息的产生过程为主线,使理论知识最终为会计业务操作服务。对会计业务操作采用实例分析,将账务处理方法通过实例进行说明,尽可能贴近企业实际业务。本书内容包含了财务管理的一些最新研究成果,如财务共享、智能财务等领域。这些研究成果探讨了企业在利用财务新模式提高绩效的过程中面临的机遇和挑战,视角独特、观点翔实,力求解读如何顺利实现财务共享,从容应对财务智能化,助力企业实现财务转型。

本书在撰写过程中,作者参阅、引用了很多国内外相关文献资料,并得到了同事、亲朋的鼎力相助,在此一并表示衷心的感谢。由于作者水平有限,书中难免存在欠妥之处,恳请各位专家、广大读者批评指正。同时,也希望本书的出版,能够引发人们对中国企业财务转型的思考和探索,并借此推进和加速我国企业的数字化转型成功落地。

作 者

2022 年 12 月

目　　录

大数据与会计信息

随着大规模数据资源的开发，一个采集、存储、分析和应用数据的时代正式开启。数据的普及与应用进一步提升了全要素生产率，被视为企业的重要战略资源。在中共中央办公厅、国务院办公厅 2006 年发布的《2006—2020 年国家信息化发展战略》中就已经肯定了信息化发展是全球大趋势。到 2015 年，国务院在《促进大数据发展行动纲要》中指出要建立"用数据说话、用数据决策、用数据管理、用数据创新"的新的管理机制，再次肯定了数据对企业的重要意义。随着大数据概念的产生和发展，对于大数据技术的应用研究也在不断拓宽和深入，大数据的价值得到越来越广泛的认可。如何将大数据技术应用于会计信息的挖掘与处理过程当中，充分发挥大数据的价值，成为现代企业会计人员研究的重点。本章作为开篇，首先来分析一下大数据与会计信息的基础知识。

第一节　大数据的概念与分类

一、数据

信息化的本质是将现实世界中的事物以数据的形式存储到计算机系统中，即信息化是一个生产数据的过程。简单来说，数据是反映客观事物属性的记录，是信息的具体表现形式，而信息可以理解为数据中包含的有用的内容。

（一）数据的概念

数据是用来描述科学现象和客观世界的符号记录，是构成信息和知识的基本单元。它是独立的、互不关联的客观事实，人们将数据用一定的方式进行排列、统计或分析才使其有了意义。

（二）数据的类型

根据数据分析的要求，不同的数据应采用不同的分类方法。

1. 定性数据和定量数据

传统的统计学把数据划分为用文字描述的定性数据和用数字描述的定量数据。如一家企业的所有制形式可以是国有、私营、股份制或外资等；或消费者对某场所提供服务的总体评价等，都属于文字描述的定性数据。如企业的净资产额、净利润额等；或消费者在某网站从订购至收到这些商品的天数以及消费者准备在未来 12 个月内花多少钱去购买家用电器等，都属于数字描述的定量数据。

2. 离散型数据和连续型数据

若我们所研究现象的属性和特征的具体表现在不同时间、不同空间或不同单位之间可取不同的数值,则可称这种数据为变量。变量有离散型和连续型之分。离散型变量的数据是可列的,如一家公司的职工人数、某地区的企业数等。连续型变量的数据可以取介于两个数值之间的任意数值,如销售额、经济增长率等。定性数据只能是离散型的。例如,对问题"你最近持有股票吗"的回答,就限于简单的是或否。再如,对某商品公司调查中的问题"在未来的 12 个月内,你是否打算在本商店购买其他商品"的回答也是如此。定量数据既可以是离散型的,也可以是连续型的。如对"你现在订阅了几份杂志"的回答是离散型的;对"你的身高是多少米"的回答,以及对在商品公司的顾客满意度调查中所问的问题"在未来的 12 个月内,你准备花多少钱去购买直销商品"的回答都是连续型的。

有些连续型变量在具体整理分析时,可进行离散化处理。例如,严格地讲,人的年龄是一个连续型变量,因为从人们出生的时点到统计的时点是一个连续变量,但在实际统计工作中,往往是按实足年份进行离散化的处理。

对连续型变量的量度还受到测量工具的影响。例如,人们的身高是一个连续型随机变量,但由于测量工具的精确程度不同,某人的身高可能是 1.70 m、1.701 m、1.700 9 m 或者是 1.700 87 m。从理论上讲,不可能出现两个人的身高是完全相同的情况。因为测量的工具越精确,就越有可能区分出他们身高的不同。但是,大部分测量工具都不是十分精确的,无法测出细小的差别。因而,即使随机变量确实是连续的,也经常会在试验或调查的数据中发现取值相同的观测值。

3. 定类数据、定序数据、定距数据与定比数据

(1)定类数据。

定类数据也称定名数据,用于区分物体。这种数据只对事物的某种属性和类别进行具体的定性描述。例如,企业按所有制性质分为国有企业、集体所有制企业、股份制企业、私营企业、外资企业等,可分别用 1、2、3、4、5、6 等表示;在某公司的调查中,消费者对未来 12 个月内是否打算在该公司购买其他商品的回答结果,可分别用 1 表示是,用 2 表示否。这种数码只是代号,并无顺序和多少、大小之分,只计算每一个类型的频数或频率(比重)。

（2）定序数据。

定序数据也称序列数据，是对事物所具有的属性顺序进行描述，将所有的数据按一定规则分类，而且还使各类型之间具有某种意义的等级差异。例如，对职工按所受正规教育划分为大学毕业、中学毕业、小学毕业等。在购物商场的调查中，消费者对该商场所提供服务的总体评价等都属于定序数据。

（3）定距数据。

定距数据也称间距数据，用于得到对象间的定量比较。它不仅能将事物区分为不同类型并进行排序，而且可以测定其间距大小，标明强弱程度，提供详细的定量信息。定距测定的量可以进行加或减的运算，但不能进行乘或除的运算。由此可见，区间型数据基于任意的起始点，只能衡量对象间的相对差别。

（4）定比数据。

定比数据也称比率数据，用于比较数值间的比例关系，可以精确地定义比例。它不仅可以进行加减运算，还可以进行乘除运算。定比数据有一个自然确定的零点，具有实质意义。几乎所有的物理量都可以进行定比测定；绝大多数的经济变量也可以进行定比测定，如产量、产值、固定资产投资额、居民货币收入和支出、银行存款余额等。

上述统计数据四个层次的描述功能是依次增大的，因而它们的运算功能也是依次增大的。

二、大数据技术

（一）大数据的概念

大数据（Big Data）是指在信息的收集、处理和分析方面比以前的数据要大得多的数据集合，具有数据体积大、数据传输快、数据类型多、单一价值低的特点。近年来在各种新闻媒体及文献中提到的大数据往往并非指数据本身，而是指数据和大数据技术两者的结合，因为只有这两者结合才能发挥数据的作用并创造价值。大数据技术是指处理和分析大量分散的、结构各异的数据，从而获得对特定问题分析和预测结果所需采用的技术。一般来说，为了分析数据，首先需要尽可能地采集足够多的数据并对原始数据进行预处理，然后存储在数据库中，接着才能对数据进行分析,同时为了保护人们的隐私及企业的商业机密,还需要运用相关技术确保数据安全以及对数据进行脱敏以保护隐私。在这个过程中使用的技术便是大数据技术的主要内容。以下对大数据技术进行详细的介绍。

1. 数据采集与预处理技术

该技术是为了能够接收 Web 等客户端的信息而进行运用的。在这一过程中可以利用 ETL 工具将分散的、结构各异的、海量的数据采集并传输到大型数据库中。其中先通过临时中间层对各种数据进行清理和预处理,经过处理后的结果被存储到相应的服务器上,供用户查询使用,同时还能够提供相关的统计分析功能。也可以采用 Flume、Kafka 等日志采集工具实时采集和分析数据,以便进行有效和不间断的筛选。

2. 数据存储和管理技术

在对来源分散、结构各异、海量的数据采集与预处理后,需要在大型数据库中将数据存储并管理,如分布式文件系统、Green Plum、Exadata、NoSQL、云数据库等。

3. 数据挖掘技术

在对清洗好的数据进行存储后,就需要对数据进行特定的处理和分析。在这一过程中需要使用机器学习算法,如 SVM、Naive Bayes 以及 K-means 等,为了提高计算效率,往往会采用分布式架构,以并行的方式对数据进行处理和分析,最终将分析结果可视化。

4. 数据安全技术

数据安全技术包括数据发布匿名技术、社交网络匿名保护技术、数据水印技术、数据溯源技术、角色挖掘和风险自适应的访问控制。

(二)大数据的类型

大数据的类型如图 1-1 所示。

1. 传统企业数据

传统企业数据包括传统的 ERP 数据、库存数据以及账目数据等。

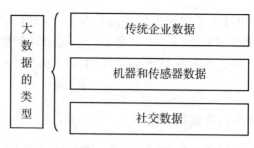

图1-1　大数据的类型

2.机器和传感器数据

机器和传感器数据包括呼叫记录、智能仪表、工业设备传感器、设备日志以及交易数据等。

3.社交数据

社交数据包括用户行为记录、反馈数据等。

（三）大数据的特征

IBM提出大数据的"4V"特征：数量（Volume）、多样性（Variety）、速度（Velocity）和真实性（Veracity），如表1-1所示。

表1-1　大数据的"4V"特征

大数据的"4V"特征	具体阐述
数量	随着互联网、移动互联网、物联网的发展，每时每刻都在产生着大量的数据，当这些数据能够被利用起来后，其价值是无可限量的。而大量的数据要得到使用，一方面要解决数据从分散到集中的问题；另一方面要解决数据的共享安全、道德伦理问题。前者是一个技术问题，而后者是一个社会问题。如果数据失去了安全和道德的约束，衍生出来的社会问题将是一场灾难。相信很多人每天都会接到大量的骚扰电话，这就是大量数据缺乏安全和道德的约束所造成的问题
多样性	大数据就像一个不挑食的孩子，你给他什么，他都开心接收。这和人类自身的学习认知模式有点相似。想象一下，我们在认识世界的时候，往往是有什么就吸纳什么，数字、图像、声音、视频，无所不及。因此，从这点来看，大数据的多样性为机器向人类学习提供了很好的技术基础。如果机器的学习仅仅局限于结构化数据，那么相信这样的人工智能孩子即使长大变得聪明，也一定会是一个人格不健全的孩子

续表

大数据的"4V"特征	具体阐述
速度	快流式数据是大数据的重要特征,数据流动的速度快到难以用传统的系统去处理。举个简单的例子,淘宝购物时的商品推送就是基于大数据技术进行的,如果运算速度很慢,估计从用户登录进去到离开都还不知道该推送什么商品,大数据就没有了意义。所以,速度快是让大数据产生商业价值非常核心的一点
真实性	这里特别要注意的是,我们追求真实性,而不是精确性。在我们关注相关性的时候,往往能够得到更加真实的信息。在传统的数据技术中,由于我们对数据的精确性要求过于苛刻,这使得如果没有高质量的数据清洗,产出结果的可用性就将大打折扣。很多时候,我们说垃圾进、垃圾出就是这样的问题所导致的。而大数据技术从降低精确性要求的逆向思维出发,用另一种方式解决了这个问题,通过降低精确性要求,变相提升了数据质量。借用科幻思维,这是一种"降维"策略的实践

(四)大数据的技术框架

在互联网领域,数据无处不在。从数据在信息系统中的生命周期看,大数据从数据源开始,经过分析、挖掘到最终获得的价值,一般需要经过六个主要技术框架,包括数据收集层、数据存储层、资源管理与服务协调层、计算引擎层、数据分析层和数据可视化层。大数据的技术框架如图1-2所示,每个环节都面临不同程度的技术挑战。

1.数据收集层

数据收集层由直接跟数据源对接的模块构成,负责将数据源中的数据实时或近实时地收集到一起。数据源具有以下几个特点。

第一,任何能够产生数据的系统均可称为数据源,如Web服务器、数据库、传感器、手环、视频摄像头等。

第二,数据源通常分布在不同机器或设备上,并通过网络连接在一起。

第三,数据的格式是多种多样的,既有像用户基本信息这样的关系型数据,也有如图片、音频和视频等非关系型数据。

第四,数据源如同"水龙头"一样,会有源源不断的"流水"(数据),而数据收集系统应实时或近实时地将数据发送到后端,以便及时对数据进行分析。

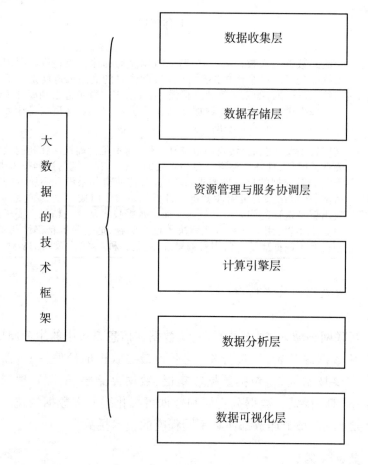

大数据的技术框架

数据收集层

数据存储层

资源管理与服务协调层

计算引擎层

数据分析层

数据可视化层

图 1-2　大数据的技术框架

由于数据源具有以上特征,因此将分散的数据源中的数据收集到一起通常是一件非常困难的事情。一个适用于大数据领域的收集系统,一般应具备以下几个特点。

（1）可靠性。

数据在传输过程中不能够丢失（有些应用可容忍少量数据丢失）。

（2）扩展性。

能够灵活适配不同的数据源,并能接入大量数据源而不会产生系统瓶颈。

（3）安全性。

对于一些敏感数据，应有机制保证数据收集过程中不会产生安全隐患。

（4）低延迟。

数据源产生的数据量往往非常庞大，收集系统应该能够在较低延迟的前提下将数据传输到后端存储系统中。

为了让后端获取全面的数据，以便进行关联分析和挖掘，通常我们建议将数据收集到一个中央化的存储系统中。

2. 数据存储层

数据存储层主要负责海量结构化与非结构化数据的存储。在大数据时代，由于数据收集系统会将各类数据源源不断地发送到中央化存储系统中，这对数据存储层的容错性、扩展性及存储模型等有较高要求。对数据存储层的具体要求总结如下。

（1）容错性。

考虑到成本等因素，大数据系统从最初就假设构建在廉价机器上，这就要求系统本身有良好的容错机制，确保在机器出现故障时不会导致数据丢失。

（2）扩展性。

在实际应用中，数据量会不断增加，现有集群的存储能力很快会达到上限，此时需要增加新的机器扩充存储能力，这就要求存储系统本身具备非常好的线性扩展能力。

（3）存储模型。

由于数据具有多样性，因而数据存储层应支持多种数据存储模型，确保结构化和非结构化的数据能够很容易保存下来。

3. 资源管理与服务协调层

随着互联网的高速发展，各类新型应用和服务不断出现。在一个公司内部，既存在运行时间较短的批处理作业，也存在运行时间很长的服务，为了防止不同应用之间相互干扰，传统做法是将每类应用单独部署到独立的服务器上。该方案简单易操作，但存在资源利用率低、运维成本高和数据共享困难等问题。为了解决这些问题，公司开始尝试将所有应用部署到一个公共的集群中，让它们共享集群的资源，并对资源进行统一使用,同时采用轻量级隔离方案对各个应用进行隔离,因此便诞生了轻量级弹性资源管理平台,相比于"一种应用一个集群"的模式,引入资源统一管理层可以带来几个好处,概括如下。

（1）运维成本低。

如果采用"一个应用一个集群"的模式,则可能需要多个管理员管理这些集群,进而增加运维成本。而共享模式通常需要少数管理员即可完成多个框架的统一管理。

（2）资源利用率高。

如果每个人都应用一个集群,则往往由于应用程序数量和资源需求的不均衡,使得在某段时间内有些应用的集群资源紧张,而另外一些集群资源空闲。共享集群模式通过多种应用共享资源,使得集群中的资源得到充分利用。

（3）数据共享。

随着数据量的暴增,跨集群间的数据移动不仅需花费更长的时间,且硬件成本也会大大增加,而共享集群模式可让多种应用共享数据和硬件资源,这将大大减小数据移动带来的成本。

在构建分布式大数据系统时,会面临很多共同的问题,包括服务命名、分布式队列、发布订阅功能等。为了避免重复开发这些功能,通常会构建一个统一的服务协调组件,包含了开发分布式系统过程中通用的功能。

4. 计算引擎层

计算引擎发展到今天,已经朝着"小而美"的方向前进,即针对不同应用场景,单独构建一个计算引擎,每种计算引擎只专注于解决某一类问题,进而形成了多样化的计算引擎。计算引擎层是大数据技术中最活跃的一层,直到今天,仍不断有新的计算引擎被提出。总体上讲,可按照对时间性能的要求,将计算引擎分为三类,如图1-3所示。

（1）交互式处理。

该类计算引擎对时间要求比较高,一般要求处理时间为秒级别,这类系统需要跟人进行交互,因此会提供类SQL的语言便于用户使用,典型的应用有数据查询、参数化报表生成等。

（2）批处理。

该类计算引擎对时间要求最低,一般处理时间为分钟到小时级别,甚至天级别,它追求的是高吞吐率,即单位时间内处理的数据量尽可能大,典型的应用有搜索引擎构建索引、批量数据分析等。

（3）实时处理。

该类计算引擎对时间要求最高,一般处理延迟在秒级以内,典型的应用有广告系统、舆情监测等。

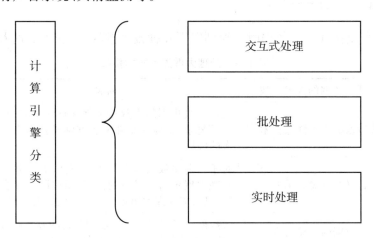

图1-3　计算引擎分类

5. 数据分析层

数据分析层直接跟用户应用程序对接,为其提供易用的数据处理工具。为了让用户分析数据更加容易,计算引擎会提供多样化的工具。在解决实际问题时,数据科学家往往需要根据应用的特点,从数据分析层选择合适的工具,大部分情况下,可能会结合使用多种工具,典型的使用模式是:使用批处理框架对原始海量数据进行分析,产生较小规模的数据集,在此基础上,再使用交互式处理工具对该数据集进行快速查询,获取最终结果。

6. 数据可视化层

数据可视化技术指的是运用计算机图形学和图像处理技术,将数据转换为图形或图像在屏幕上显示出来,并进行交互处理的理论、方法和技术。它涉及计算机图形学、图像处理、计算机辅助设计、计算机视觉及人机交互技术等多个领域。数据可视化层是直接面向用户展示结果的一层,由于该层直接对接用户,是展示大数据价值的"门户",因此数据可视化是极具意义的。

（五）大数据带给企业的挑战

1. 处理大数据的技术挑战

企业在处理大数据时会遇到以下几种技术挑战，如表1-2所示。

表1-2　处理大数据的技术挑战

处理大数据的技术挑战	具体阐述
大数据的去冗降噪技术	企业所收集到的大数据大都来自多个方面，源头非常复杂，这就对企业的去冗降噪技术带来了极大的挑战
大数据的直观表示方法	对于目前多数大数据的表示方法，有些并不能很直观地展示出其具有的意义，所以随着社会的不断发展，需要探索出更直观的大数据表示方法
大数据的存储技术	大数据的存储技术既对数据分析的效率有较大的影响，还对存储所需的成本具有重要影响
大数据的有效融合	数据不整合就发挥不出大数据的价值，大数据的泛滥与数据格式有很大关系
大幅度降低数据处理、存储和通信能耗的新技术	大数据的获取、通信、存储、管理与分析处理都需要消耗大量的能源

2. 运用大数据技术的挑战

在大数据时代，传统开发工具已经不能适应时代的发展，大数据管理及处理能力将引领网络发展，新一代信息技术正在引起应用模式的变革，新的工业革命正在以一种全新的形式悄然出现。目前，在运用大数据技术方面存在一些挑战，具体来说主要包括以下几个方面。

（1）在数据收集方面。

目前，网络上存在着大量的数据，有时搜集一些数据相对比较容易，但将数据收集起来之后一定要采取相应的方式去伪存真，留下最可信、最有价值的数据。

（2）在数据存储方面。

在数据存储方面，要想做到低成本、高可靠性，就必须运用一定的技术手段对数据进行分类处理，可以通过去重等操作，减少存储量，还可以加入一些便于检索的标签。

（3）在数据处理方面。

有些行业的数据参数非常多，其复杂性体现在各个方面，难以用传统的方法进行描述和度量，所以在数据处理方面会存在很多困难，需要将多媒体数据降维后度量与处理，利用上下文关联进行语义分析，从大量动态而且可能是模棱两可的数据中综合信息，并导出可理解的内容。

第二节　会计信息的基本理论阐释

一、会计

（一）会计的产生与发展

任何一门学科都与其产生发展的环境及历史沿革有着紧密的联系，从其产生原因及发展规律可以透析出它的本质，会计学也不例外。我们可以从其产生及发展的漫长过程中了解会计的本质。概括起来，会计大概经历了以下几个发展阶段。

1. 会计萌芽及古代会计阶段（15世纪以前）

会计是随着社会生产的发展和经济管理的要求而产生、发展并不断完善起来的。人类要生存，就需要进行物质生产；人类要发展，就必须要求物质生产要以最少的劳动耗费取得最大的经济效益。为了使劳动所得大于劳动所耗，人们通过生产和生活实践，很早就意识到在进行物质生产的同时有必要把生产过程的内容进行记录和计算，需要对劳动成果和劳动耗费进行记录和计算，这就产生了早期的会计。

会计的起源，可以追溯到大约公元5世纪以前。最早的会计记录方法是简单刻记和绘图记数，到原始社会末期，依次出现了结绳记事和契刻记数等方法，并开始运用相应的实物计量单位。进入奴隶社会以后，由于社会经济的发展和国家财政收支规模的日益扩大，单式簿记法便应运而生，并在管理和控制自给自足的自然经济活动中不断发展完善。在相当长的历史时期,由于生产力十分低下,生产规模很小,劳动分工较粗,会计的计算和记录活动也很简单,只是作为生产职能的附带部分。随着生产力的发展,生产规模的扩大,出现了社会分工和私有制之后,会计逐渐从生产职能中分离出来,成为独立的、由专门人员从事的工作。

在我国,会计的演变与发展经历了几千年的漫长过程。根据《周礼》记载,早在三千多年以前的西周奴隶社会就出现了"会计"一词。在这一时期,由于生产力不断发展,西周王朝还设立了专门管理钱粮税赋的官职"司会"和单独的会计部门,掌握王朝全部会计账簿并进行会计监督。宋朝正式设置了"会计司",成为我国官厅会计组织机构最早的明确命名。同时,会计方法也有了较大的提高和完善。唐宋时期,官厅办理钱粮报销或移交,要编造"四柱清册",所谓四柱,即旧管、新收、开除、实在,相当于现在所讲的期初结存、本期收入、本期支出、期末结存。四柱结算法奠定了中式簿记的基本原理,并在官厅会计中正式推广,逐步形成了中国的会计方法体系。明清时代又产生了龙门账、四脚账等中式复式簿记方法,使我国的会计方法有了很大的发展。

中世纪的欧洲,仅在修道院和农业中使用簿记,十字军东征的结果,给意大利的经济带来了繁荣,地中海沿岸的佛罗伦萨、热那亚、威尼斯等城市,成为当时的商业、高利贷业和银行业的中心。随着商品经济的出现和最初资本主义生产关系的萌芽,单式记账法已不适应需要,在某些高利贷者和商人的业务记录里开始流传最初的借贷复式记账法,后来逐步扩大到工商实业界。1494 年,意大利数学家卢卡·帕乔利(Luca Pacioli)在其所著的《算术、几何、比及比例概要》(又译《数学大全》)一书中,结合数学原理,将复式簿记从理论上进行了系统的论述和概括,从而使复式记账法得到广泛传播,为近代会计奠定了基础,被认为是近代会计史中的里程碑。借贷记账法的出现,使会计成为一门真正的科学。

2. 近代会计发展阶段(15 世纪至 20 世纪 20 年代)

在会计平衡公式的基础上,复式簿记日臻完善,到 19 世纪末,借贷复式簿记逐渐形成严密的账簿组织体系、计算与记录规范和科学的簿记理论体系。19 世纪,英国进行了产业革命,生产力水平迅速提高,产生了适应社会大生产需要的新的企业组织形式——股份公司,对会计提出了新的要求,引起了会计内容的变化。这一过程会计的发展变化主要表现在以下几个方面。

（1）复式簿记的产生、传播、发展和完善。

自其在 15 世纪末产生之后的五百年间,借贷复式簿记法在世界各国广泛传播和运用,逐渐形成了严密的账簿组织体系、计算与记录规范和科学的簿记理论体系。

（2）财务会计理论体系的发展。

财务会计理论体系的建立并不断发展完善,解决了诸如资本收支与收益收支、资产计价、收益实现和计量、固定资产折旧、成本计算整理和费用分配方法等重大理论问题。尤其是 20 世纪三四十年代开始建立的会计原则,改变了会计理论落后于会计实务的局面,使会计开始走向系统全面的研究会计理论,以会计理论指导和约束会计实践的轨道。

（3）企业会计的长足发展。

从某种意义上讲,近代会计实质上就是企业会计,这一时期,随着公司的出现和产业革命之后技术进步带来的生产以及整个社会经济的发展,公司会计、部门会计、成本会计、预算会计应运而生,并在经济管理中不断发展完善,成为会计发展的主流。

（4）会计师职业的产生和发展。

自 1581 年世界上第一个会计职业团体——威尼斯会计协会在威尼斯创立,经过 19 世纪中期以后的迅速发展,到 20 世纪 50 年代,会计师职业已成为会计发展的向导,在社会经济事物中发挥了重要的作用。可以说,财务会计的理论和方法体系,几乎全部都是在近代会计时期建立和完善起来的。

3. 现代会计发展完善的阶段（20 世纪 20 年代以后）

从对会计信息的需要方面讲,20 世纪 20 年代,经济危机导致大批企业破产倒闭,从而要求会计工作规范化,会计信息资料进一步披露。企业竞争加剧,企业的经营规模、层次和经营业务的复杂程度加大,以资本的所有权和经营权相分离为特征的股份公司经济组织形式得到迅猛发展,使会计的管理职能成为主流。会计在传统财务会计基础上产生了分离,逐渐形成了以对外提供信息为主,接受"公认会计原则"约束的财务会计和对企业内部管理当局提供信息,满足管理当局管理和预测的管理会计。

财务会计,是指编制主要供企业外部的会计信息使用者(如投资者、债权人、有关政府机构等)使用的各种定期报表(资产负债表、损益表和现金流量表等)而进行的会计。其任务是按会计准则和会计制度确认、计量、记录和报告企业的经营成果、财务状况以及财务状况的变动情况,具体内容包括填制和审核凭证、登记账簿、编制财务报表等。财务会计亦称为对外报告会计。

管理会计,则是 20 世纪在成本会计的基础上发展成为与财务会计并立的另一分支。它指的是为企业管理者提供决策所需信息而进行的会计,其主要目的在于帮助企业管理者制订短期和长期投资决策及经营规划,指导和控制当前的生产经营活动。管理会计是以现代企业管理的有关决策和控制理论以及成本会计准则为依据进行的,主要包括"规划、决策会计"和"控制、业绩会计"两大部分。管理会计亦称对内报告会计。

财务会计和管理会计虽然同属于现代企业会计的部分,但它们在作用、内容、核算对象、核算方法、核算要求、责任、编制时间等方面都表现出很大的不同。

当然,财务会计与管理会计除不同之处以外,还具有密切的联系。它们源于同一母体,相互依存、相互制约、相互补充,共同组成现代企业会计的有机整体。

从会计计算和记录技术的变化方面讲,随着电子计算机的应用与普及,电子计算机替代了人工簿记,它的出现是会计技术手段上的一次革命,是会计史上一项突破性的变革,它促进了会计信息传递速度的提高及使用范围的扩大,从而使会计信息的作用更加重要,为会计职能的充分发挥创造了有利的条件。会计电算化不仅能提高工作效率和工作质量,而且还能大大提高管理水平。

近期来,现代信息技术,尤其是网络技术在会计领域的应用和发展,预示着会计技术手段由会计电算化进一步跨越到会计信息化阶段。它将对传统的会计基本理论与方法、会计实务工作提出挑战。网络会计由于具有信息的集成化、简捷化、多元化、开放化、电子化、智能化等特性,更能满足现代企业管理的要求。由此可见,会计是适应生产管理的需要而产生并随着社会生产力的发展、科学技术的进步、管理水平的不断提高而逐步发展和完善起来的一门经济管理科学。

（二）会计的含义

什么是会计？我国古代"会计"一词产生于西周，主要指对收支活动的记录、计算、考察和监督。清代学者焦循在《孟子正义》一书中，对"会"和"计"所作的解释是："零星算之为计，总合算之为会"，说明会计既要进行个别核算，又要把个别核算进行集合，进行系统、全面、综合的核算，但这只说明了会计的基本方法，并未说明会计的本质或含义。

按照会计的目的、方法和特点等内容，可将会计的含义概括为以下两个层面。

1. 会计是一个信息系统

会计的理论体系以会计目标为起点。会计目标主要明确为什么要提供会计信息，为谁提供会计信息。

每个组织的经理，即使再有才能，也不可能单靠观察日常经营活动就足以掌握全面情况。恰恰相反，他必须依靠会计程序将业务交易转变为能在会计报告中进行概括和汇总的统计数据，对为数众多的复杂变量进行连续、系统、全面、综合的处理，使之成为一目了然的会计信息。

在现代社会，不仅企业内部的管理当局需要会计信息，企业以外与企业有经济关系的人员和机构也需要企业的会计信息。例如，投资者需要会计信息，借以衡量管理者的经营业绩，并据以对其投资价值进行评价；潜在的投资者需要会计信息，使其有可能对预期的投资进行比较，做出投资决策；债权人要考虑企业的财务实力，以做出有关信贷的决策；政府有关管理部门，如税务部门、工商管理部门、审计部门、国有资产管理部门、证券监管部门等，也需要企业的会计信息，便于进行管理并作为制定有关制度的依据；还有其他组织，如工会、客户等，都需要企业的会计信息，以便做出有关决策。而会计可对企业经济活动的原始数据进行加工，通过确认、计量、报告、分析诸程序，产生以货币度量的会计信息，信息是会计工作所产生的结果，会计报告是传输这种结果的媒介。

会计作为一个信息系统，主要的职能是将一个企业的经济数据变为对该企业财务决策方面有用的经济信息。它既处理过去经济业务产生的数据（会计核算子系统），也处理现在和将来经济业务产生的数据（会计预测子系统）；既提供财务会计信息（以财务报告的方式），也提供管理会计信息(以计划、预测和方案等方式)。总之,它将这些信息传递给使用者,使他们可以根据这些信息,做出较佳的判断和决策。

因此,会计是一个信息系统,是指在企业或其他组织范围内,旨在反映其经济活动,而由若干具有内在联系的程序、方法和技术组成的,用于处理经济数据、提供财务信息和其他有关经济信息的有机整体。

2. 会计是一种经济管理活动

在人类社会中,由于存在着资源的有限性和社会需要的无限性之间的矛盾,客观上就存在着合理配置资源的需求,这就必须对经济活动的过程和结果进行计量、计算,以评价经济上的得失。这是会计产生的原因,也是会计发展、完善的动力。如前所述,会计应管理的要求而产生,其内容和方法也随着经济管理的需求而不断深化。会计实质上是人们运用会计方法对经济进行管理的一项实践活动。在非商品经济条件下,会计是直接对财产物资进行管理;在商品经济条件下,经济活动中的财产物资都是以价值形式表现的,因此,会计就是对价值运动进行"观念总结"和"过程控制"的。会计实质上就是一种价值管理活动,是经济管理活动的重要组成部分。

会计的管理活动经过规划、组织、实施、检查等程序得以进行。在产生会计信息的同时,人们运用会计信息对价值运动进行组织、控制、调节和指导,以促使在经济活动中权衡利弊、比较得失、讲求经济效果。计划和控制是会计管理的基本职能;提高经济效益是会计管理的目标。正是由于会计直接介入管理过程,除了担任提供信息的角色之外,还直接参与管理决策和控制。

(三)会计的特点

会计具有以下特点。

(1)客观性——以凭证为依据。会计的账簿记录是以会计凭证为依据的,这有利于真实、准确地反映企业经营管理活动的情况。准确填制和严格审核会计凭证,对会计职能的实现、会计作用的充分发挥具有重要的意义。

(2)价值性——以货币为主要度量手段。会计要想及时、连续、全面、系统地反映企业经营活动,就必须以货币为综合计量单位,而不能以各种实物为计量单位(如长度、质量、容积、件或台等)。企业的生产要素在实物形态上不具有相加性,这就不利于企业资产规模和结构的考察,引入货币为主要度量手段就使得这一矛盾迎刃而解,这是由生产要素在价值形式上具有同质性所决定的。

(3)系统科学性——及时、连续、全面、系统。会计能为经济活动提供及时、连续、全面和系统的数据资料,随着企业经营规模的扩大和经济活动的日趋复杂,在经营管理上,会计除了要求提供反映现状的指标外,还要求提供预测未来的数据资料,为企业的战略决策提供依据,从而实现企业的经营目标。

二、会计信息

现代社会可以说是信息社会,信息的种类繁多,所有信息都在帮助人们进行决策。会计信息就是这众多信息中的一种,它反映了企业或单位的财务活动。

会计信息使用者进行决策所需要的会计信息是如何传输给他们的呢?目前,会计报告是提供会计信息的最佳载体与媒介。会计信息使用者通过阅读会计报告获得他们所需要的会计信息。

由于上述会计信息使用者可分为企业外部使用者与企业内部使用者,于是,主要向企业外部使用者传输会计信息的会计报告称为财务会计报告;而主要向企业内部使用者传输会计信息的会计报告称为管理会计报告。会计报告的分类与内容如图1-4所示。

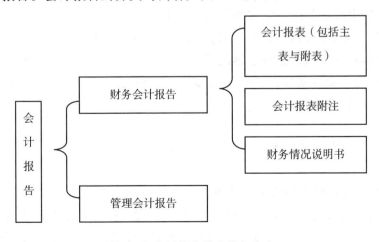

图1-4　会计报告的分类与内容

（一）财务会计报告

财务会计报告包括会计报表、会计报表附注和财务情况说明书三部分内容，各部分内容相互联系，构成一个整体，其核心内容是会计报表。

企业对外提供的会计报表包括资产负债表、利润表、现金流量表三张主表，以及资产减值准备明细表、利润分配表、所有者权益（股东权益）增减变动表、分部报表和其他有关附表。各种会计报表的内容既有联系，又有区别，指标相互衔接，构成一个完整的指标体系，从而更能充分揭示会计信息的本质。

会计报表附注是为了帮助理解会计报表的内容，而对报表有关项目等所做的解释和补充说明，以加深对报表有关会计指标的理解。《企业会计制度》对会计报表附注的主要内容做了统一规定。

财务情况说明书是对企业一定时期内财务情况进行分析总结的书面文字报告。按照《企业财务会计报告条例》的规定，财务情况说明书至少应对下列情况做出说明：企业生产经营的基本情况；利润实现和分配情况；资金增减和周转情况；对企业财务状况、经营成果和现金流量有重大影响的其他事项。财务情况说明书可以使会计报表使用者获取充分的会计信息。

（二）管理会计报告

管理会计报告主要是各种管理会计报表，比如企业编制的各种预算表、责任中心编制的各期实绩报告等。由于它主要是为企业内部各级管理人员服务，因此这些报表没有固定的内容和标准格式，也不一定需要定期编制，完全根据企业管理的需要而定；指标的取得亦无须依据会计准则和统一会计制度，只须服从管理人员的需要即可，还可以采用经济决策理论和数学公式等。

（三）财务会计报告与管理会计报告的区别

财务会计报告与管理会计报告二者既有着必然的联系，又有着显著的区别。二者的联系主要表现在两个方面：首先，它们使用者的区分是相对的，而不是绝对的。财务会计报告的使用者主要是企业外部会计信息使用者,但不意味着这种会计报告不被企业内部会计信息使用者所使用。同样,管理会计报告的使用者主要是企业内部会计信息使用者,但从有助于决策的角度考虑,这种会计报告对企业外部会计信息使用者也是很有用处的。其次,它们之间有着不同程度的交融,财务会计报告提供的信息经常是管理会计报告的重要数据来源。二者的主要区别如表1-3所示。

表1-3 财务会计报告与管理会计报告的区别

项目	财务会计报告	管理会计报告
报告对象	主要是企业外部会计信息使用者	主要是企业内部会计信息使用者
编制依据	会计准则、会计制度等会计规范	因管理会计系统设计的不同而异
编制程序与方法	约定俗成并有强制性	不固定,主要采用经济决策理论和数学公式等
报告内容	反映过去的交易与事项,内容较固定,一般以统一的报表种类、格式与指标体系报告	内容根据企业内部管理需要灵活确定
报告时间	通常按月、季、半年或年定期报告	不确定

三、会计信息使用者

企业会计信息的使用者包括企业投资者、企业债权人、国家有关部门、企业管理当局、企业职工。

(一)企业投资者

在所有权与经营权分离的情况下,企业投资者要了解企业的财务状况和管理当局的经营业绩,以判断管理当局是否实现了企业的经营目标;要分析企业所处行业的市场前景与发展潜力和面临的风险,以做出维持现有投资、追加投资还是转让投资的决策,等等。总之,企业的投资者需要利用会计信息对经营者受托责任的履行情况进行评价,并对企业经营中的重大事项做出决策。另外,对于企业潜在投资者而言,他们要利用会计信息评价企业的各种投资机遇,估计投资预期成本、收益及投资风险等,以便选择恰当的投资对象。

（二）企业债权人

债权人是企业信贷资金的提供者,信贷资金是企业资金最重要的来源之一。债权人提供信贷资金的目的是按照约定条件收回本金与获取利息收入。因此,为了掌握企业能否按时还本付息,债权人要了解企业负债的构成、资产的结构与流动性等会计信息,评价企业的盈利能力以及产生现金流量的能力,以便做出向企业提供贷款、维持原贷款数额、追加贷款或是改变信用条件的决策。

（三）国家有关部门

国家是国民经济的管理者,企业是国民经济的细胞。为了制定宏观经济管理的调控措施,国家必然需要了解企业资源的配置情况、经济效益的高低等会计信息。同时,国家还是（目前仍占主体的）国有企业主要或唯一的投资者,自然也同其他投资者一样需要会计信息。

对于那些能够代替国家行使组织和管理职能的政府有关部门（如财政、税收、行业主管部门或证券监管部门）,自然也需要掌握企业的会计信息,尤其要关注一些特殊的会计信息。比如,国家税务部门为合理确定所得税征收中的应纳税所得额、流转税征收中的流转额,特别关注与企业利润和收入有关的会计信息;而证券交易监督管理部门则特别关注公司披露的会计信息是否真实、充分,是否会误导投资者,以加强对上市公司会计信息质量的监管。真实可靠的会计信息是国家有关部门对证券市场实施监督的重要依据。

（四）企业管理当局

企业管理当局为了履行受托责任,完成既定的经营目标,保证资本的保值与增值,实现股东财富最大化的财务目标,必须加强对企业的管理。而企业的财务状况、经营成果与现金流量情况等会计信息,是进行管理必须掌握的基本资料,同时也是制定企业未来经营决策的主要依据。

（五）企业职工

按照有关法律规定,企业研究决定生产经营的重大问题、制定重要的规章制度时,应当听取工会和职工的意见和建议;企业研究决定有关职工工资、福利、劳动保险等涉及职工切身利益的问题时,应当事先听取工会和职工的意见。职工要履行上述参与企业管理的权利和义务,必然要了解相关的会计信息。

除了上面所述的会计信息使用者外,还存在许多其他会计信息使用者。例如,企业的供应商与客户,出于自身利益(如供应商对原材料的需求趋势与付款能力的关心、客户对公司提供产品可靠程度的关心)也会关注企业的会计信息;对于上市公司,会计信息的使用者还会涉及证券分析师与一般公众;经济学家同样是企业会计信息的使用者;等等。

四、会计信息生成方法

会计目标的实现是以会计职能为手段、以会计报表为载体向各类信息使用者提供其决策所需要的相关会计信息,包括企业的财务状况信息、经营成果信息和现金流量信息等。而这些会计信息的生成均离不开会计的循环过程。一个企业在一个会计期间内对发生的各种经济业务都需要经过填制和审核凭证、记账、对账、试算、结账和编制会计报表等一系列的会计处理程序。这一程序从每一个会计期间的期初开始,到会计期末结束,并循环往复、周而复始,故称为会计循环。企业以多长时间为一个会计期间,则会计循环历时多长时间。例如,企业若按月结账和编制会计报表,则会计循环历时一个月。会计循环如图1-5所示。

以上各项工作可概括如下。

（1）编审凭证。经济业务发生以后,首先要取得或编制有关的原始凭证,并对原始凭证的合法性、合规性和合理性等进行审核。

（2）会计分录。运用设置会计科目和账户、复式记账的会计核算方法,对每笔经济业务列示其应借记和应贷记的账户及其金额,并填入记账凭证。

（3）记账。记账又称登记账簿,即根据记账凭证确定的会计分录,在日记账和分类账中进行登记。

（4）对账。会计期末,运用财产清查的会计核算方法对账簿记录进行核对,即将账簿与凭证、账簿与账簿、账簿与实物进行核对,以保证账簿记录的正确性。

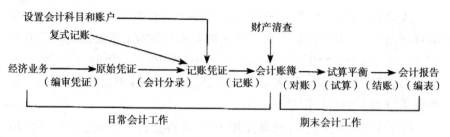

图1-5　会计循环图

（5）试算。将会计账簿中各账户的本期发生额和期末余额汇总列表,以检查会计分录及记账是否有误。

（6）结账。会计期末,结转收入、费用类账户,并结算出资产、负债和所有者权益类账户的余额。

（7）编表。会计期末,将期内所有经济业务的变动结果汇总编制成资产负债表、利润表和现金流量表,以反映企业的财务状况、经营成果和现金流量,并辅以必要的注释和说明。

在上述会计循环中,前三项工作是在平时完成的,故称为日常会计工作;后四项工作是在会计期末时完成的,故称为期末会计工作。

另外,在会计循环中,是以各种会计核算方法为手段来完成会计信息的收集、加工处理和输出的,也就是说会计信息的生成离不开会计核算的专门方法。

五、会计信息系统结构

会计信息系统出于财务信息系统中的核算层,分为四大分系统:财务运营系统、财务核算系统、资金管理系统和税务管理系统,下设十四个子系统,核算层会计信息系统主要结构及各子系统之间的信息流转关系如图1-6所示。

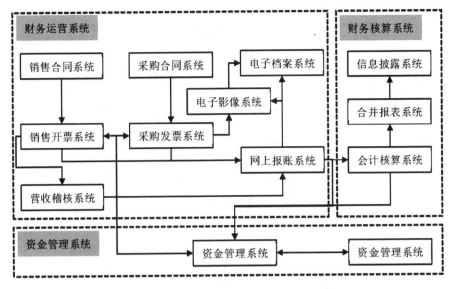

图 1-6　核算层会计信息系统主要结构及各子系统之间的信息流转关系图

税务管理系统主要包括税务数据的采集及核算、纳税申报以及预测、分析等功能，是企业税务的监控和管理平台。

（一）财务运营系统

财务运营系统是财务运作中的事务处理系统，分为合同管理系统、采购发票系统、销售开票系统、营收稽核系统、网上报账系统、电子影像系统和电子档案系统七个子系统，主要进行财务基础交易业务的处理，它代替了手工操作，直接与业务信息系统对接，收集并记录、处理交易事项产生的数据，并进行分类，统一管理，以便存档和查证。其中合同管理系统和业务系统中的销售、采购管理系统直接对接，而另外属于业务系统的生产管理系统和人力资源系统则越过了财务运营系统，直接对接到财务核算系统中的会计核算系统。财务运营系统的主要结构及信息流转关系如图 1-7 所示。

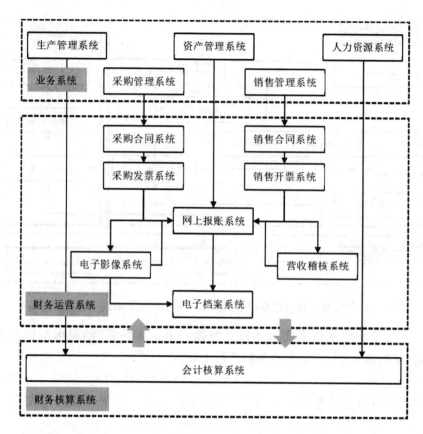

图1-7 财务运营系统的主要结构及信息流转关系图

（二）财务核算系统

　　财务核算系统包含三个子系统：会计核算系统、合并报表系统、信息披露系统。三个子系统之间的运行逻辑简单清晰，以原始凭证为起点，最终输出会计报表完成会计循环，并将输出结果导入信息披露系统。其中会计核算系统处于财务核算系统中的核心地位，也是整个会计信息系统中最重要的子系统之一，与业务层的业务系统和核算层的财务运营系统、资金管理系统、税务管理系统都存在信息交互关系。会计核算系统的主要内容是会计循环，完成从信息到凭证，从凭证到账表的过程；合并报表系统负责合并、抵销等复杂的股权关系业务处理，并出具合并报表；信息披露系统的业务流程包括披露信息的收集、处理、审核和发布，将符合信息需求方要求的信息进行展示和传递。财务核算系统的主要结构及信息流转关系如图1-8所示。

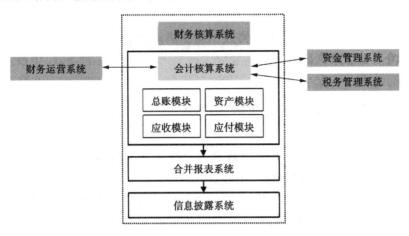

图1-8　财务核算系统的主要结构及信息流转关系图

（三）资金管理系统

资金管理系统是资金全流程管理的信息系统，包含账户管理、资金结算管理、现金流管理等模块，涉及销售、采购、资金进入与退出等资金运动全过程的业务活动。通过与业务层、核算层的会计核算系统以及内部下设的银企互联系统，对资金使用计划、资金调拨、资金结算进行运作管理，可以实现账户管理、资金管理、银企对账、票证管理、债务管理及外汇管理等。资金管理系统的主要结构及信息流转关系如图1-9所示。

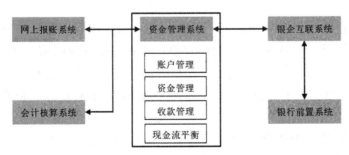

图1-9　资金管理系统的主要结构及信息流转关系图

第三节　数据与信息

一、会计信息呈现"大数据"的特点

在大数据时代,企业的经营范围不断扩大,会计信息呈现出大数据的特点,即规模性、快速性与多样性。

第一,在大数据时代下,全球的数据增长速度非常快,随着企业经营范围的扩大,与之相关的会计信息必然迅速发展,如果企业的会计效率赶不上业务活动的发生速度,那么必然造成财务困境与财务挤压,也很难维持正常的企业经营。也就是说,在大数据时代,会计信息迅速膨胀。

第二,在大数据时代下,数据形式多样,传统的数据形式主要以数字、文本为主,但是新型的数据形式有感知数据、网页等形式。由于随着企业的经营发展,会计信息也会迅速增加,多数企业目前的会计信息系统能够将会计信息转向数字化的毕竟有限,因此还需要会计人员从大量的纸质材料中获取财务信息,而大数据时代的到来恰好能帮助财务人员解决这一问题,能够将这些纸质发票、合同等进行数据化处理,帮助财务人员加快传递会计信息的速度。

二、信息的种类与格式呈现多样化特色

企业信息包括两种:一种是会计信息,另一种是非会计信息。前者主要以货币作为计量单位,对经济事项展开记录、确认、报告等,并提供相关会计主体的财务状况、现金流量等内容;后者主要是与企业生产经营相关的那些非会计数据形式的信息,如顾客满意程度等。企业应该将这两种信息结合起来,并在此基础上做出生产经营决策,降低企业运营风险。但是由于非会计信息具有较差的可比性、较高的记录成本等缺点,并未将其作用充分发挥出来,现在企业多以会计信息为主。在大数据时代背景下,随着大数据计量成本下降,很多非会计信息也开始被记录、存储,这更能提升企业的管理能力。

随着信息使用者需求的增加,传统的结构化数据已经很难满足企业的要求,因此大数据时代的非结构化数据也被重视起来,并普遍运用。在大数据时代背景下,数据信息有着广泛的来源,涉及网络点击、电子商务等,这些主要来自结构化数据,还有一些来自非结构化数据,如电子邮件、微博、视频等。在大数据时代,企业应该利用这些结构化数据与非结构化数据展开定量分析,发现数据之间的紧密联系,从而为企业确定业务发展方向。

三、会计职能从价值保值向价值创造转变

传统的财务共享服务职能主要是价值保值,涉及会计核算、资金结算、应收应付管理、财务报表等。随着大数据时代的到来,财务共享中心由之前的报账中心、费用中心、结算中心,逐渐向数据中心转移,从而为企业提供充分的数据信息。

在大数据时代背景下,企业能否对财务数据进行科学的利用,能否通过数据对财务状况、财务风险进行把控,对企业的未来发展至关重要。运用大数据技术,企业可以对大量碎片化数据进行整理、分析等,从而满足企业的决策需要,并且根据自身需要对会计分析工作进行变革,为企业提供价值服务。

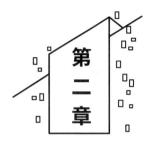

大数据驱动下的会计信息发展

　　大数据时代的到来,使得以大数据为基础条件的会计信息管理应运而生。在发展初期,遇到了多数决策层的大数据管理意识较为淡薄,数据繁杂、难于处理、数据伪装性好、难辨真伪,有可能泄露企业的商业秘密等问题,引发了学界的多方探讨;随着大数据技术的成熟,这些问题正在慢慢变得不那么尖锐,人们开始有意识地管理大数据,尤其是决策层;数据的处理技术也有了很大的发展,数据的挖掘技术使得数据的伪装性有所下降,也比以前容易辨别真假,但是数据真伪的辨别、数据处理和商业秘密以及个人隐私的保护还是值得我们继续研究的、不懈努力的目标。

　　大数据时代会计信息管理是指在实时动态变化的大数据支持下,企业会计人员利用现代会计信息管理技术和手段,对企业会计数据进行成本管理、管理信息定制、会计信息能力分析、动态利润管理、会计信息预测、会计预警管理等活动的会计管理。

第一节　大数据时代会计信息管理的发展趋势

一、具备大数据分析能力，进一步挖掘会计信息内核

传统的会计信息管理分析更多关注结构性会计信息的分析，对非结构性会计信息和非会计信息关注得较少。在大数据时代，要求会计信息管理相关人员要具备大数据分析能力，不仅要分析结构性会计信息，还要分析非结构性会计信息和非会计信息。除此之外，还要将结构性会计信息与非结构性会计信息和非会计信息相互整合，进一步挖掘会计信息内核，预测企业所在市场状况的变化，进一步为企业管理层筹资、投资、成本管理、市场开拓、新技术研发等决策提供有用信息。

二、实时分析、及时预测，提高企业决策的准确度

大数据具有海量、高速、多样的特点。大数据时代的会计信息管理在获取资讯的数量、速度、种类等方面较传统会计信息管理有绝对性的优势，这就使得会计信息管理由之前的基于结果分析的事后管理，转变成了基于过程分析的事中管理，能够对资讯带来的大数据进行实时分析，大大增加了企业管理决策的灵活性和准确度，帮助企业及时预测市场变化，能很快根据大数据分析结果调整生产、销售等环节的作业，增强市场的适应性，从而有助于企业提高市场占有率，增强市场竞争能力，培育核心发展能力，延长企业寿命，促进企业的生存和发展。

三、加强企业内部监管，促进企业会计人员角色转换

大数据时代，外部监督越来越严格，相应地，企业内部监督也越来越严格，对内部及外部信息的全面供给要求也提上了议事日程。企业会计人员除了传统的结构性会计信息的收集和整理，还需要对非结构性会计信息和非会计信息进行收集和整理，整合之后为企业管理层提供有用的

决策信息。会计人员由传统的记账人员转变成集信息收集整理人员、记账人员、分析人员为一体的综合性会计管理人员,传统的首席财务官和首席信息官的界限越来越模糊,会计人员对企业的重要性有了质的提高。

第二节 大数据时代会计信息管理发展中的问题

一、部分决策层的大数据管理意识虽较以前有所改善,但信息泄露事件还是时有发生

就部分企业管理层而言,大数据还是个比较新鲜的词汇,他们的管理决策大多数依据的是传统的结构性会计信息分析结果。即使企业管理层对大数据有所了解,也因为大数据纷繁庞杂、真假难辨、数据难以处理、相关专业人员缺乏、大数据处理设备昂贵等原因望而却步。总体来说,部分决策层之前的大数据管理意识较弱是个不争的事实。

而现在,多数决策层的大数据管理意识已经提高了很多,也采取了相应措施,但仍远远不够。这里的大数据管理较弱的弱不是不管理、不作为,而是管理的环节即使管理层作为了,还是会出现信息泄露的问题。

二、部分企业过度利用大数据,产生了"大数据杀熟"的不合法行为

所谓"大数据杀熟"指的是同样的商品或服务,老客户看到的价格反而比新客户要贵出许多的现象。

2018年3月,"大数据杀熟"这个词进入大家的视野,不过这一现象或已持续多年。有数据显示,国外一些网站早就有之,而近日有媒体对2 008名受访者进行的一项调查显示,51.3%的受访者遇到过互联网企业利用"大数据杀熟"的情况。"大数据杀熟"本质上属于"大数据悖论"的一种现象,"大数据悖论"是《新未来简史》中未来12大理论或效应之一。2018年12月20日,"大数据杀熟"当选为2018年度社会生

活类十大流行语。"大数据杀熟"的基础是海量用户数据。企业一般会在后台抓取用户的消费记录,通过用户行为判断其偏好和消费意愿强烈程度。如果企业发现你是一个对价格不敏感的用户,就会调高价格,减少优惠比例。2018年2月,深圳市民王女士取消下单不到20分钟的4万多元的机票,被携程客服告知取消订单须收取18 524元机票费作为退票费。当晚11点,王女士通过航空公司官网并未查询到机票出票信息,并发现每张机票价格为6 415元(退票不收税费),但携程方面提出的退票费为每张9 262元,比原价高42%。2019年3月10日,微博网友陈先生爆料,自己想要在携程购买机票,显示总价格为17 548元,但重新搜索选择时,价格变成了18 987元,总价贵了近1 500元。无奈之下,他下载了航空公司官网的App查询,发现同样的行程,不但有票,而且比第一次携程价格还便宜不少。携程疑似再次出现"大数据杀熟"现象。2019年3月11日,携程方面发表致歉及情况说明,表示二次支付显示无票是系统漏洞所致,绝无"大数据杀熟"行为,并表示该漏洞只会影响到票量紧张情况下的小部分用户,且系统漏洞已紧急修复。对于陈先生及其他约1 300名用户,携程将逐一主动与客户联系,承担用户因此产生的损失。

三、存在财务风险,企业数据信息难以有效控制

(一)内外部信息获取仍存在障碍

要想充分发挥大数据的价值,就要有足够的原始数据作为支撑。在互联网如此发达的时代,企业的风险信息已不再仅仅局限于从企业内部获取,而需要从方方面面来搜集和比对风控信息。诸如市场风险、上下游的信用风险、竞争对手分析都需要获取大量的数据资料来佐证风险事项发生的可能性及影响程度,从而对企业所处的内外部环境中存在的风险加以评估。

就一些企业目前的数据量级而言,已初具规模和成效,但仍有很大的发展空间和发展潜力。一方面,由于企业长久以来的发展过程中形成的部门壁垒在一定程度上限制了企业内部信息的横向联通,企业内部信息的获取仍存在一定的壁垒;另一方面,尽管某些企业可以通过与天眼查、北大法宝等第三方机构实现对接来获取外部风险信息,但这些信息

的搜集成本较高,并且所搜集信息的完整性和及时性也存在一定的问题,很难真正将海量的外部信息纳入风控体系当中。由于信息之间的不对称性,企业在选择合作方的时候,对于对方的信用资质等并不能很好地进行前期背景调查,在赊销过程中容易出现应收账款长期无法收回,产生坏账损失等情况。

(二)财务风险预警指标设置尚不全面

企业大数据智能合规风控平台架构基于信息安全前提下的风控数据分析和挖掘技术汇总,涉及风控相关数据的采集、清洗、存储、处理、加工、分析等全生命周期管理过程。风险相关的数据来源,既包括来自集团各级次单位的业务和财务系统数据,也包括来自互联网的公开数据。风控数据类型,既包括从业务信息系统采集的结构化数据,也包括文档等非结构化数据。但在企业财务风险的管控环节当中,很少涉及非财务指标。

由于非财务数据在获取时并不像获取财务信息一样简便,并且这些变量之间缺乏统一的度量标准,很难通过人工对其进行加工处理,将这些非财务变量纳入财务风险预警模型当中,因此,往往在财务风险预警过程中忽略了风险的社会属性,没有考虑到社会环境中的其他因素,诸如政治、经济、舆情等外部环境变化,以及上下游供应商、竞争者对财务风险的影响等。

由于财务报告信息具有一定的滞后性和短期性的特质,在运用财务指标预测财务风险时存在一定局限性,不能很好地预判未来趋势及提前防范风险。例如,某公司利用大数据平台对财务风险进行研判时,并未发现指标存在异常,而实际上可能因为社会舆论等其他非财务因素影响了企业声誉、信誉,产生了财务风险。因此,现有的风险预警体系对于财务风险评价的全面性和准确性明显不足。

(三)财务风险应对及落实过程中缺少有效监督

在日趋信息化和智能化的时代,风险管控环境也日益复杂,对信息系统等先进技术手段的运用也使得监管难度与日俱增,除了要不断优化集团内部的监督管理流程,还要对信息系统中可能存在的风险实施

监控。

例如,某公司虽然已明确了全面风险管理的三道防线,但是尚未建立一套完善的针对风险管控的绩效考核体系和制度规范,未将责任落实到各部门的具体人员。对于风险管控工作的执行情况,该公司未能开展定期考核,并未能将考核结果与绩效挂钩,有效将管理与监督融合在一起,这就使得有关部门的风控负责人对于企业内部的风控制度不执行,增大了企业的财务风险。另外,财务人员的风险意识较为缺乏,整体素质有待提升,全面风险管理的意识尚未根植于每一名财务人员的工作当中,因而各业务部门对于防控风险的动力稍显不足,很多风险管控政策也很难有效落实到每一名基层工作者的头上,由此产生责任分摊效应,造成财务风险的扩大和蔓延。

第三节　大数据时代会计信息管理发展问题的解决思路

一、大数据时代会计信息管理的目标

大数据时代会计信息管理的最终目标是通过对财务的管理,找到企业的流动资产和企业的流动负债之间的合理比例,在保障企业正常生产经营的状态下,尽可能地提高企业营运资本的利用水平和周转能力,最大限度地提升企业的整体盈利水平。加强对会计信息化的管理可以分为几个具体的目标。

（一）加强流动资产管理实现利润最大化

通常情况下,企业的流动资产并没有创造现金流量的能力,因此企业的流动资产对企业价值没有直接的影响。但是在企业的资本投资性质和资本投资规模确定后,企业的经营者对营运资本的低效管理会影响到企业正常生产经营活动中创造现金流量的能力,最终影响企业价值的扩大化。因此,企业的经营者在对企业的营运资本进行管理的时候,应该加强对企业流动资产的管理,确保企业有足够的现金持有量,同时保

证企业有着良好的库存结构,使得企业的营运资本可以按照企业既定的目标进行运营,以便实现企业价值的最大化。

(二)保证营运资本适度的流动性

企业的营运资本是企业实际中流通的那部分流动资产和流动负债,因此其对抵消企业的风险、适应环境的变化有着十分重要的意义。一方面,企业的营运资本可以起到支付企业日常生产经营所必须付出的成本,如原材料购买的费用、工作人员的工资及福利待遇等;另一方面,企业的营运资本还具有较强的偿债能力,可以支付企业流动负债产生的利息,如短期借款产生的利息、短期有价证券产生的利息等。因此,企业的营运资本保持适度的流动性对维持企业的正常生产经营十分重要。但是,企业营运资本的流动性过高或过低都对企业的发展不利。

(三)合理安排企业流动资产和流动负债比例

当企业的营运资本流动性过高时,企业就要为这部分占有的营运资本支付更多的资金占有量的成本,这无疑会加大企业的财务风险;当企业的营运资本流动性过低时,企业的正常生产经营可能都会受到影响,更不用说扩大再生产了。因此,企业的经营者要在大的财务环境背景下,根据企业的发展情况,合理地安排企业流动资产和流动负债的数量和使用期限,使企业的流动资产和负债资产可以保持在合理的比例,在保证企业营运资本流动性和安全性的前提下,提升企业的盈利能力。

二、建立大数据时代会计信息管理的步骤

企业可以通过以下四个步骤建立大数据时代会计信息管理。

(一)确定以价值为核心的指标和绩效尺度

企业的管理者需要有明确的目标和绩效尺度,以衡量他们的工作进展。虽然股票价格是最根本的绩效指标,但对管理者尤其是基层业务单元的管理者而言需要具体性和可操作性都更强的标准。至于净利润这

样的会计指标,由于忽略了为取得利润而占用资本的机会成本,因而也不可取。另外,投入资本收益率指标忽视了价值创造的增长。能较好衡量股东价值创造的指标是经济利润,该指标既考虑了增长,又考虑了投入资本的收益。经济利润等于投入资本收益率与资本机会成本之差乘以投入资本,即经济利润 =(投入资本收益率 – 资本机会成本)× 投入资本。由于未来经济利润的折现价值(加目前的投入资本额)等于折现现金流量,因此,可以通过使经济利润最大化而实现折现现金流量的最大化。由于基层管理者需要的是他们能直接施加影响的指标和绩效尺度,因此业务单元的经理必须为其基层管理者把经济利润指标转换成更为具体性、可操作性更强的绩效尺度。例如,生产经理的绩效可以用单位成本、质量以及是否能按时交货来衡量;销售经理的绩效可以用销售增长率、标价折扣率和销售成本占销售收入的比率来衡量。除了经济利润指标外,也可以用经济增加值(EVA)这一指标来衡量股东价值的创造。

(二)改革企业的薪酬制度,培养员工重视创造股东价值的文化与观念

建立企业以价值创造为核心理念一个最有力的手段就是薪酬制度。高层管理者的激励机制必须以价值创造为核心。为达到这一目的,传统的做法是将高层管理者的奖金与每股收益目标的实现情况相联系。但是,由于每股收益并不总是与价值创造相一致,因此,这一实践并不有效,有效的方法是加大股票期权在其报酬中所占的比例。对于业务单元管理者的传统激励方式是将其报酬与企业整体的绩效联系在一起,而与他们所在单位绩效的联系反倒不大。改进的方法是:人力资源经理可以考虑为每个部门设计虚拟股票,从而建立延期付酬制度,该制度应围绕企业的经济利润或 EVA 指标,根据特定价值驱动因素目标的完成情况发放报酬。

(三)进行有效的沟通

价值问题与投资者,尤其是战略投资者和证券分析师进行有效的沟通是至关重要的。原因是:第一,可以确保市场随时取得足够的信息对企业进行评估;第二,企业管理者可以从投资者对本企业和其他企业股

票的评估中知道所在行业和竞争对手的动向。为了提高沟通战略的效果，应注意以下两点：其一，在与投资者以及证券分析师沟通时应重点宣传企业为提高股东价值到底在做些什么；其二，可以考虑在年度财务报告的附注中增加一个部分，题为"企业的价值前景"，讨论企业创造价值的战略。企业甚至可以公布其对价值创造的估算，但前提是必须将各种假定交代清楚。上述措施可以让投资者明白企业的经营方向和股东们的投资状况。

（四）重新规定财务总监的职能

企业建立以价值创造为核心的管理体系要想取得成功，一大关键因素便是财务总监作用的提高。职能被强化后的财务总监可以被恰当地称为"战略和财务执行副总裁"，该职位应主导企业价值创造战略的制定。

大数据驱动下会计信息挖掘与处理的技术支撑

经济全球化已经成为当今经济发展的必然趋势,国内大型企业之间的并购活动越来越频繁,企业的规模也越来越大。一方面,企业的核心竞争力、风险抵抗能力逐渐提高;另一方面,复杂的市场环境、经营环境对企业提出了更高的要求。而会计信息管理作为企业管理的核心,需要进行财务转型与升级,以与新的经济形势相适应。人工智能、移动互联网(移动物联网)、云计算等技术时代的到来,将对传统的会计信息管理带来冲击与挑战,企业该如何运用这些技术提升管理绩效,成为当代会计信息挖掘与处理面临的一个重要问题。本章首先分析这些先进技术,进而探讨这些技术对会计信息挖掘与处理的冲击和影响。

第一节 云计算技术在会计信息挖掘与处理中的应用

一、云计算的概念

云计算是网格计算、分布式计算、并行计算、效用计算、网络存储、虚拟化、负载均衡等传统计算机技术和网络技术发展融合的产物。云计算将计算从用户终端集中到"云端",是基于互联网的计算模式。按照云计算的运营模式,用户只需关心应用的功能,即各取所需,按需定制自己的应用。最简单的云计算技术在网络服务中已经随处可见,如搜索引擎、网络信箱等,使用者只要输入简单的指令即可得到大量信息。

二、云计算的特点

云计算具有显著的特点,概括来说主要包括以下几方面。

(一)虚拟化

虚拟化是将底层物理设备与上层操作系统、软件分离的一种去耦合技术,它通过软件或固件管理程序构建虚拟层并对其进行管理,把物理资源映射成逻辑的虚拟资源,其目标是实现 IT 资源利用效率和灵活性的最大化。

(二)动态性

云计算平台能够监控、计算资源,并根据已定义的规则自动平衡资源的分配。

(三)超大规模

"云"一般具有相当大的规模,如 Google 云计算拥有 100 多万台服务器，Amazon、微软、IBM、雅虎等的"云"均拥有几十万台服务器。企业私有"云"一般也有成百上千台服务器。"云"能赋予用户前所未有的计算能力。

（四）通用性

云计算不针对特定的应用，在"云"的支撑下可以构造出千变万化的应用，同一个"云"可以同时支撑不同的应用运行。

（五）高可扩展性

"云"的规模可以动态伸缩，以满足应用和用户规模增长的需要。

（六）高可靠性

"云"使用了数据多副本容错、计算节点同构可互换等措施来保障服务的高可靠性，使用云计算比使用本地计算机更可靠。

（七）经济性

"云"是一个庞大的资源池，用户按需购买。"云"的特殊容错措施使得可以采用极其廉价的节点来构成"云"；"云"的自动化集中式管理使大量企业无须负担日益高昂的数据中心管理成本；"云"的通用性使资源的利用率较之传统系统大幅提升。

三、云计算的发展历程

在过去，大量数据的计算需要一台昂贵的大型计算机才能完成，这给数据的高效、即时处理带来了困难。随着计算机和网络技术日趋成熟，到了2000年，云计算方才初具雏形。这时，计算的主体转变为分布在各地的计算机集群，这一方面降低了成本，另一方面也提高了计算效率和可靠性。随后，各项相对成熟的云服务也开始崭露头角，如今，云计算其实已经进入了人们生活中的方方面面。云计算一方面可以减少

我们手头的设备,让我们轻装上阵;另一方面也可以提高设备的处理性能,是目前计算机技术和网络技术发展的重要方向之一。

四、云计算的技术层次

云计算的技术层次主要从系统属性和设计思想角度来说明"云",是对软硬件资源在云计算技术中所充当角色的说明。从技术角度来分,云计算由四部分构成,如图 3-1 所示。

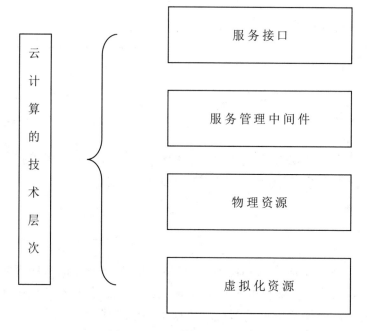

云计算的技术层次

服务接口

服务管理中间件

物理资源

虚拟化资源

图 3-1　云计算的技术层次

(一)服务接口

服务接口统一规定了在云计算时代使用计算机的各种规范、云计算服务的各种标准等,它是用户端与云端交互操作的入口,可以完成用户或服务的注册、定制和使用。

（二）服务管理中间件

在云计算技术中,中间件位于服务和服务器集群之间,提供管理和服务,即云计算体系结构中的管理系统。它对标识、认证、授权、目录、安全性等服务进行标准化和操作,为应用提供统一的标准化程序接口和协议,隐藏底层硬件、操作系统和网络的异构性,统一管理网络资源。

（三）物理资源

物理资源主要指能支持计算机正常运行的硬件设备及技术,用于计算和存储等云计算操作。在云计算时代,本地计算机只需要一些必要的硬件设备,如网络设备和基本的输入输出设备等。

（四）虚拟化资源

虚拟化资源是指一些可以实现一定操作、具有一定功能,但其本身是虚拟而不是真实的资源,通过软件技术来实现相关的虚拟化功能,包括虚拟环境、虚拟系统、虚拟平台等。

五、云计算与会计信息化应用

（一）经济可行性

随着电子化信息技术的逐渐发展,网上银行、支付宝等业务的不断出现,金融业务不断转向了电子化平台,在新的电子化业务模式下,传统的银行业务也受到了不小的影响。云计算技术的发展,为银行会计信息化发展提供了技术支持。

（二）技术可行性

云计算利用其虚拟化技术和数据中心相关技术使内部的所有数据资源进行统一收集、管理,并能根据需求进行动态部署,再加上其灵活性与稳定性,这些都将对银行的业务模式创新产生有力的支持。云计算

还可以将存储的数据资源进行重新分布,把复杂的数据资源重新组合在一起,提供业务服务,能够为银行的系统运行、服务水平提供保障,为银行和其他行业使用云计算技术给予技术可行性保障。

第二节　物联网技术在会计信息挖掘与处理中的应用

一、物联网的概念

物联网是指物体通过各种信息传感设备,如射频识别装置、红外感应器、激光扫描器等装置,经由传输网络,实现物与物、人与物之间的自动化信息交互与处理。

二、物联网的主要特点

物联网具备以下三个特点,如图 3-2 所示。

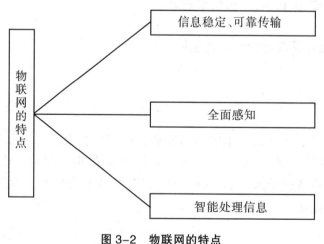

图 3-2　物联网的特点

（一）信息稳定、可靠传输

传感器采集和捕获的数据必须经过传输层进行传递。在传输过程中，必须保证信息的安全性和实效性。

（二）全面感知

数据的采集和捕获是物联网的基础。物联网通过传感器实现对"物"的感知，从而获取"物"的信息，物联网的硬件关键技术必须能够反映"物"的特点。根据"物"的特点配置不同类型的传感器进行感知，传感器具有实时性的特点，必须时刻对运动的"物"进行信息的捕获。

（三）智能处理信息

物联网的终极目标是"智慧地球"，通过装置在各类物体上实现物体与物体之间的沟通和对话，使智能技术应用到生活的各个方面。

三、物联网的体系结构

物联网的体系结构包含网络接口层、网络层、传输层、应用层，如图3-3所示。

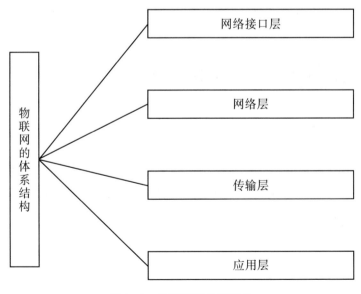

图 3-3　物联网的体系结构

（一）网络接口层

网络接口层负责完成信息的采集和捕获,对信息进行有效的融合和压缩,所采用的传输介质主要有无线电波、光波、红外线等。

（二）网络层

网络层主要负责异构网络的互相通信,优化网络主机与物联网节点之间的无缝连接通信。网络层是物联网的神经系统,需根据网络接口层的业务特征,优化网络特性,建立一个端到端的全局物联网络。

（三）传输层

传输层主要负责数据流的传输控制。

（四）应用层

应用层为终端用户应用进程提供服务,实现信息存储、数据挖掘、应用决策等,涉及海量信息的智能处理、分布式计算、中间件、信息发现等多种技术。

四、物联网应用的三项关键技术

（一）传感器技术

传感器技术也是计算机应用中的关键技术。到目前为止,绝大部分计算机处理的都是数字信号,这就需要传感器把模拟信号转换成数字信号交给计算机处理。

（二）RFID 技术

RFID 技术是一种传感器技术,是融合了无线射频技术和嵌入式系统技术的综合技术,RFID 技术在自动识别、物品物流管理上有着广阔的应用前景。

（三）嵌入式系统技术

嵌入式系统技术是综合了计算机软硬件、传感器技术、集成电路技术、电子应用技术为一体的复杂技术。

五、物联网与会计信息化应用

（一）物联网对外部会计工作环境的影响

1. 物联网对社会生产方式必将产生深刻的影响

物联网技术的发展使得人与人、物与物以及人与物之间形成了一个庞大的信息系统，通过这一系统，可以使人能够随时随地地选择自己出行的路线，而且还能对家中的事物有全方位的掌控；可以使政府部门对城市道路的交通等进行有效管理等。

2. 物联网对社会生活方式也将产生深刻的影响

"国际电信联盟"曾在一份报告中这样描绘物联网技术对人们生活的影响：当驾驶员出现操作失误的时候，汽车会进行自动报警提醒；日常携带的公文包会及时告诉主人需要携带的物品；衣服会根据面料和干净程度的不同，告诉洗衣机所需要的洗涤模式和洗衣液的用量。诸此种种，现在看来似乎不太可能，但随着物联网技术的发展，这些都将变得习以为常。

（二）物联网对内部会计工作环境的影响

第一，物联网推进企业组织结构扁平化。
第二，物联网促进企业内部各职能部门之间的协调。

第三节　人工智能技术在会计信息挖掘与处理中的应用

一、人工智能的概念

人工智能（Artificial Intelligence，AI）的概念产生于 1956 年，由 John McCarthy 等 10 位年轻学者在达特茅斯夏季人工智能研究会议上首次提出。人工智能是研究模拟用户，延伸和扩展人的智能的理论、方法、技术和应用系统的一门技术科学，它不仅试图理解智能实体，而且还试图建造智能实体。而人工智能中最重要的一环就是让机器拥有思维认知，即人类智能。换句话说，人工智能就是让机器或是人所创造的其他人工方法或系统来模拟人类智能。人工智能的概念较为宽泛，按照人工智能的实力可大致将其分成三大类：第一类，弱人工智能，指只擅长于某个方面的人工智能，如只会下象棋可以战胜象棋世界冠军的人工智能；第二类，强人工智能，指在各方面都可达到人类级别，从事人类的脑力劳动，能和人类一样得心应手地去干，能和人类比肩的人工智能；第三类，超人工智能，指在科学创新、通识和社交技能等几乎所有领域都比人脑聪明、都可超越人类大脑的人工智能。

二、人工智能的发展历程

人工智能在发展的历程中，经历了三起两落的跌宕式发展。

（一）人工智能的第一次浪潮

人工智能的第一次浪潮发生在计算机刚开始发展的时候，大约从 20 世纪 50 年代一直到 20 世纪 70 年代 20 年的时间，随着计算机的出现，人们开始探讨机器智能的问题，大量的专家学者开始对人工智能进行研究。

1946 年第一台电子数字计算机面世，名字叫 ENIAC。但 1949 年由计算机科学家先驱约翰·冯·诺依曼指导制造的冯诺依曼体系结构的第一台计算机 EDVAC 更具有代表性,它是第一台可编程的计算机。现在我们生活、科研和学习、工作中用到的计算机,绝大部分都是冯诺依曼体系结构的计算机,所以它更为重要和有代表性,因为他是第一台真正采用了二进制以及存储程序的计算机。1950 年,计算机科学家先驱图灵发表了一篇名为《计算机器与智能》的论文,在这篇论文中,图灵探讨机器是否能拥有智能,同时,提出了著名的“图灵测试”。1956 年的夏天,大概是七八月间,几位计算机科学的先驱学者,他们在达特茅斯发起了第一届人工智能的讨论会。在这届会议上,麦卡锡提出了 Artificial Intelligence 这个词,也就是人工智能。所以,人工智能这个概念从 1956 年的达特茅斯会议才真正地开始。麦卡锡和闵斯基后面又共同创建了麻省理工学院人工智能实验室。麦卡锡发明了 Lisp 语言,Lisp 语言是专门用作表处理的一种函数式语言,其对智能程序的编程和发展具有重要的意义。

在达特茅斯会议上,计算机科学的先驱学者们讨论的内容主要有以下几点:第一,计算机如何编程。由于当时存储程序的计算机,即冯诺依曼体系结构的计算机刚刚出现,因此,在这个阶段对于计算机如何编程的讨论就显得尤为重要。第二,神经元网络构建。人工智能,就是对于人的智能的模拟,计算机科学的先驱学者们在此次会议上就讨论到了神经元,以及如何把神经元构造成网络来进行智能程序的设计。第三,机器自我提升。计算机科学的先驱学者们在回忆中探讨了机器的学习,即一个程序不仅仅要能够处理固定的问题,还要能够通过它运行的历史来逐渐达到自我的提升,所谓的自我提升其实就是不断地学习,然后达到越来越高的智能水平。

在第一次浪潮中,最开始对人工智能的研究可以归结为一种符号主义学派,符号主义是从数学逻辑出发,认为人工的智能一定是源于数学逻辑的,数学和逻辑是人类最高的抽象的智慧,所以当时对人工智能的研究就从符号主义开始。符号主义的代表成果是在 1955~1956 年,由纽厄尔和西蒙等人研制的称为“逻辑理论家”的数学定理的证明程序 Logica Theorist(缩写 LT),这就是我们早期的人工智能内容。为什么说它智能呢?如果说一个程序能够证明数学定理,而不是简单地计算加减乘除、微积分或者其他的数学公式,那么显然,这个程序就具有足够的智能,因为数学定理的证明毕竟只有少数最聪明的人才能够实现。

"逻辑理论家"做了什么呢？它可以通过模拟人的思维过程来证明数学定理，当然，这个数学定理并不会像"哥特巴赫猜想"一样特别复杂。人工智能最初就是从这样一个简单的程序开始的，但是这个开始也很了不起。奠基了数学形式化和逻辑的数学巨著《数学原理》，其中收集了数学的所有原理，它从最简单开始，一步一步地把数学理论大厦构建起来。这个计算机程序，就用来证明《数学原理》中一系列的数学定理，人们试着用它去证明了《数学原理》第二卷中的头 52 个定理，完成了其中 38 个定理的证明，而且人们发现，在 2.85 这个数学定理的证明上，"逻辑理论家"的证明结果甚至比学者的证明更加简洁。"逻辑理论家"的成功研制大大增强了人类对于人工智能的信心。1962 年，IBM 公司的科学家研发了一个跳棋程序，而且这个跳棋程序战胜了当时人类的跳棋高手，跳棋高手也败在了计算机程序的脚下。结合"逻辑理论家"对定理的证明，结合跳棋程序，再结合"专家系统"的出现，第一次人工智能浪潮达到了一个顶峰。

人们都非常乐观地认为，只要从数学逻辑中归纳出规则和知识，真正的人工智能就一定能够实现，并达到与人类一样的智慧程度。但过了十几年的时间，从 1970 年开始，人工智能就遭遇了第一次寒冬，所谓第一次寒冬并不是失败，只是受到当时各种条件的限制，遇到人工智能发展的瓶颈，即使是当时最杰出的人工智能程序，也只能解决问题中最简单的一部分。例如，在数学定理证明中只能证明最简单的那几十个定理，再继续发展就遭遇了巨大的困难，这个困难包括了计算机自身的发展性能还没有跟上，当时计算机硬件的性能极其有限。一方面反映在非常有限的内存上，也许那个时候计算机有限的内存在现在看来简直是微不足道的，可能只有几千个字节或者几万个字节，而现在几百块钱买到的手机内存至少都是几十亿个字节起，这简直就是天差地别；另一方面，当时计算机处理器的处理速度也没有办法跟上，毕竟人工智能是个很复杂的问题，甚至在逻辑算法的解决下，它可能是一个指数级攀升的复杂问题。也就是说，要解决的问题规模稍微增大一点，整个组合的数量就会爆炸性的增长，这显然已经不是当时的计算机硬件所能达到的水平。另外，和当时人们对于人工智能的期望有关系。当时人们期望计算机人工智能很快就能够达到和人一样聪明的水平，甚至有人预言说可能在 20 年后就会有跟人类一样聪明的人工智能出现了。但是后来发现，出现的这些人工智能甚至缺乏最起码的常识，有些常识并不是可以从符号主义的逻辑推理,从抽象思维的规则中推导出来的,这些常识涉及对于物理世界的认知和感知。研究者发现,就算是对儿童而言的简单常识,对程序来说也是巨量信息,没人知道怎样让程序进行学习。比如,在机器视觉和自然语言理解上,就需要大量对于真实世界的基本认识,但当时的计算机还没有发展到这样的程度。人工智能的第一次浪潮轰轰烈烈地出现,但是由于各种各样条件的限制,进入了寒冬和低谷。

（二）人工智能的第二次浪潮

人工智能发展的第二次浪潮出现在 20 世纪 80 年代,可以归功于当时的"专家系统"。"专家系统"是基于人类专家已有的知识和经验来解决特定领域的问题。比如,医学家或者对计算机配置有经验的工程师,将他们的知识和经验以规则的形式保存下来,把存储好的规则贯穿起来,运用相应知识和经验来解决某个领域比较复杂的问题。在"专家系统"中,计算机程序模拟专家求解问题的思维过程去回答问题,这个思维过程主要是对一些规则的判断,即特定的情况要如何去做,这是人类知识经验和计算机推理程序较好的结合。

说到"专家系统",其实第一个专家系统是在 20 世纪 60 年代末,由费根鲍姆成功研制的第一个用于识别化学中化合物结构的专家系统,叫作 DENDRAL,在这个专家系统中,可以应用化学家的知识来回答问题,它可以推断出化合物的复杂结构,给予化学家很多帮助。在 DENDRAL 的理念指导下,从 1980 年开始,DEC 公司和卡内基梅隆大学 CMU 合作研发了第一个专家系统,叫作 XCON。这是第一个商用的专家系统,而不再只是用于科学研究,它用来为 DEC 公司服务。DEC 是一家生产计算机的公司,可以根据不同用户需求来定制计算机的配置,XCON 专家系统会向用户提出一些关于需求的问题,然后根据用户的回答来定制计算机系统的硬件配置方案,这样一来,对于熟练的售前工程师的需求就可以大大减少,在相同的人力支持下能够应付更多的客户。据估计,XCON 专家系统每年可以为 DEC 公司带来约 4 000 万美元的收益,这在当时已经是一笔相当可观的收入。所以,在 XCON 专家系统商用成功的案例指导下,人们开始投入巨大的精力研发适合于专家系统使用的软件开发平台和硬件支持机器。基于此,适合规则推理的计算机程序设计语言——Lisp 语言被设计出来,它是一个函数式的程序设计语言,可以非常方便地编写符号推导类型的程序,它还建造出了 Lisp 机器,即单用户工作站,它是以 Lisp 语言作为主要的软件开发语言,进行高效运行的计算机。当时有一个公司叫作 Symbolics,推出了第一台 Lisp 机器,这个 Lisp 机器名字就叫 Symbolics,这为全世界研发和应用专家系统的公司提供了很好的硬件支持。

在专家系统成功的鼓励下,很多国家的政府也开始扶持人工智能项目。最有名的就是 1981 年日本政府发起了第五代计算机的项目,所谓的第五代计算机是具有逻辑推理能力的智能计算机,它的目标是造出能够跟人对话,能够翻译语言,能够解释图像,并且能像人一样进行推理的机器,这个在当时可谓是一个非常宏大的计划了,投资也非常的巨大。其他发达国家的政府也采取了相同的做法,比如,英国耗资 3.5 亿英镑进行了人工智能的 Alvey 工程,关注大规模集成电路、人工智能、软件工程、人机交互(包含自然语言处理)以及系统架构;在美国,政府的国防高级研究计划局 DARPA 组织了战略计算的促进会,计算机的企业协会也组织了微电子与计算机技术的集团,在系统架构设计、芯片组装、硬件工程、分布式技术、智慧系统等方向发力。这些都在推动人工智能在专家系统领域的发展。这些计划,尤其是日本的第五代计算机计划在当时算是比较激进的,后来虽然没有达到原先设定的目标,但随着第五代计算机的出现,已经有很多成果被研发出来,为人工智能的发展提供了很好的技术基础。

除专家系统这种基于智能进行计算机逻辑规则推理的符号主义知识体系外,还有另外一个思潮,被称为"联结主义",这是另外一个学派,"联结主义"在第二次人工智能的浪潮中也重新获得了发展。所谓的"联结主义",实际上更倾向于人去模拟自然,从而进行人工智能程序结构的构造,而不是求助于数学和逻辑。联结主义尽量模拟人的大脑结构来处理信息,这也就发展出了一些新的学习训练的算法,其中就有在最近这次人工智能浪潮中得到广泛应用的反向传播算法。

有了人工智能发展的高潮,第二次寒冬也随之而来,主要出现在 20 世纪 80 年代末和 90 年代初,标志性事件就是计算机开始进入个人家庭和小型企业,迅速降低了成本。以苹果公司和 IBM 公司作为代表,他们这时候开始推广第一代的台式机,此时计算机进入个人家庭,而且这个时候计算机的价格远远低于专家系统开发所用的 Symbolics 和 Lisp 这些硬件机器。所以,第二次寒冬是因为遇到了新的历史机遇而造成的,最终的结果也是市场的需求,因为市场中对专家系统的需求被台式机取代,所有业界的目光都被台式机吸引过去,大家都想着如何把这个计算机做得成本更低,进入更多的个人家庭,进入每一所学校的每一个人的桌面上。所以,整个产业发展的注意力被转移了,相应地,政府对人工智能和专家系统方面研究的拨款也逐渐减少,当然也有机器性能的问题,而且专家系统需要大量人力的参与,必须要有在特定领域中非常熟练的专家和专家系统的计算机科学家合作工作,才能够开发出特定领域的计算机专家系统,由于专家及程序设计工程师的缺乏,专家系统的使用性也就有了一定的局限。

经过几十年的发展,历经了两次浪潮,我们可以看到人工智能主要以应用为导向。在计算机的应用还没有扩展到全社会领域之前,单独的人工智能是很难被发展起来的。

(三)人工智能的第三次浪潮

人工智能发展的第三次浪潮,大概是从 20 世纪 90 年代末期到现在,我们现在就处于第三次人工智能浪潮中,所以我们现在对人工智能有着非常大的热情,大家都在谈论人工智能的应用、人工智能的产品等。

人工智能第三次浪潮的典型技术特点是:传统的基于数学逻辑推理的符号主义学派技术被暂时地放在了一边,进而转向基于统计模型的技术。事实证明,从 20 世纪 90 年代末开始,基于统计模型来构建人工智能的基础技术在逐步完善并获得巨大成功。对复杂的下棋活动所展开的人工智能项目,就是一个标志性事件,在第一次的人工智能浪潮里是下简单的跳棋,而第三次浪潮的起点是下更加复杂的国际象棋。IBM 公司研发的深蓝(Deepblue)计算机配合人工智能的下棋程序,在 1997 年战胜了国际象棋世界冠军卡斯帕罗夫,这个在当时引起了巨大的轰动,很多专家都认为人工智能已经发展到很高的阶段,因为在此之前,从来没有出现过计算机程序战胜顶级世界冠军的先例。深蓝(Deepblue)计算机国际象棋的基本技术,是基于国际象棋规则进行搜索并在搜索树上进行所谓的"剪枝"。可以理解成基于大量开局库、终局库的统计估值结果,就是说从开局开始有几种落子的可能,把这几种可能全部用穷举法找出来,当棋子落到其中的一个位置之后,把对手有可能下的落子点也穷举出来,就这样一层一层地把下棋过程中可能的落子点全部组织起来,就变成了一棵非常庞大的下棋树,如果假设我们的技术能够延伸到下最后一步棋的时候,那最终这盘棋局的胜负是可以确定的。但是,由于这个组合爆炸的问题,可能性确实太多了,因此在这样庞大的搜索树上,我们不得不基于大量的开局、终局或者说前人归纳出来的人类下棋思路的数据库,比如说棋谱,通过对大量棋谱的学习来进行统计,统计出下的每一个落子点的估值结果,然后下到这个估值最有可能胜的那一个落子点上,去辅助搜索树上的选择,虽然国际象棋的棋盘只有六十四格,但是可以落子的可能性已经相当多了。经过几十年的发展,在 20 世纪 90 年代末的时候,尤其是像 IBM 这样的公司,它能够制造出容量特别庞大、计算性能也很高的硬件设备,可以在统计规则的基础上做出这样的人工智能程序,也必然是计算机软件、硬件、人工智能技术发展水到渠成的结果,所以,人工智能能够打败国际象棋冠军,只是一个时间的问题。当国际象棋败给了人工智能程序以后,人们还心存侥幸,把目光投入另一个棋类——中国古老的围棋,觉得人工智能肯定不会战胜古老文明智慧,因为围棋和国际象棋有着很大的差别。围棋只有两种棋子——黑棋和白棋,对一方来讲它只有一种棋子,而国际象棋任何一方都有很多个种类的棋子,有王、有马、有象、有车、有兵。两种棋的走法规则也大相径庭,围棋虽然规则特别简单,但是棋盘要比国际象棋大得多,有 361 个落子点,在这样的基础上,国际象棋就已经是一个特别庞大的组合、爆炸的搜索树,而围棋棋盘可能的落子点更加庞大,通过剪枝用穷举落子点的搜索方法已经完全失效,即便是把古今中外几千年来人类下过的所有棋谱都输进去,再把各种各样下棋的启发式规则都放进去也无济于事。所以,很长一段时间,围棋的人工智能程序对于人类棋手来说一直处于绝对的下风,甚至人工智能在面对业余围棋棋手的时候也很难有战胜的把握。

在人工智能的浪潮中,信息技术正飞速发展,主要有以下三个方面的体现:第一个是大数据。无论是在计算机的软件、硬件方面,还是在计算机的系统方面都有一个巨大的转折,这个转折特别显著的状态就是互联网的发展,互联网的繁荣使可用的数据量剧增,互联网带来的物联网和移动互联网,使每一个人、每一个事物都加入网络当中,每天每时每刻都在不断地产生信息。这个时候,由数据驱动而不是由规则驱动的方法就引起了人们的注意,以大数据技术作为基础的技术从量变引起质变,不再只是数据量多少的问题,而是整个研究的技术方法发生了本质的改变。第二个是统计模型,有了大量的数据之后,在统计上可以通过对大量的样本来进行建模,把建好的模型再应用于分类、对应等进一步的工作,使得人工智能在对现实世界的理解方面有一个显著的提升。统计模型技术实际上就是在第二次人工智能浪潮中提到的联结主义的神经网络,在人工智能第三次浪潮里,多重的神经网络可以构建出更多、更复杂的神经网络,比如说多重神经网络,它可以建立出更加复杂的模型,具有更高维度的分类能力。这些都让人工智能下机器的学习能力得到极大的增强。第三个是强大的计算能力。在第三次浪潮中,计算机硬件得到飞速的发展,多达数万台高性能计算机可以并行计算,这种计算能力是以前从未有过的,它可以满足对大数据处理、对复杂模型的计算能力的需求。不仅仅是大的科技公司或研究机构才可以具备这种计算能力,我们的家庭、个人,甚至每名学生、每个学校都可以轻易拥有以前从未有过的千万倍的计算能力。例如机器翻译,以前的人工智能翻译是基于规则的,比如语法规则、词典的对应查找规则等,但是人工智能在使用了统计模型之后,机器做出结论不再根据规则,也不根据词性,而是根据统计数据得出来,基于统计的机器翻译,其实简单直白来说就是"如果人们都这么翻译,那我这个人工智能程序也这样翻译"。这就是人工智能第三次浪潮中基于统计方法的翻译。机器翻译具有两个特征:一个是人工规定特征;另一个是机器自动提取特征。具体来说,就是按照单字和短语进行统计对应,而不是与词典规则对应,然后由机器来自动提取出每一句话的特征,通过计算得出哪些文本是相互对应的,它实现的前提是要有大量文本的样本数据、强大的计算力和复杂的神经网络模型(机器学习的模型),这三者同时具备才可能实现机器翻译。第二个例子是更加复杂的图形分类,在以前的图形分类中是基于规则进行的,大概是要把图像进行变换和增强,先找到它的边缘,再看它在哪里交叉,然后再和已经掌握的规则去对应来进行归类。新时代的技术出现之后,就开始使用更复杂统计模型的新技术方法来进行图形分类,有了大量的样本数据和强大的计算力之后,图像分类的技术手段使分类的错误很快下降,识别的精度不断提高,现在,图像识别分类的错误率已经低到了3%,已经比人工识别的错误率还要低,也就是说在图像分类这个领域上,人工智能已经超过了一般人。下棋也是这样,大量的样本数据、强大的统计模型和计算能力,最终使人工智能彻底攻破了人类下棋

智慧的最后堡垒——围棋。从 2016 年 3 月开始，AlphaGo 连续打败了国际围棋冠军李世石和中国棋手柯洁，AlphaGo 的研究成果也被写成了论文，发表在技术科学的顶级刊物上。这些都标志着人工智能第三次浪潮的巨大发展。

为什么说第三次浪潮跟前两次有所不同呢？主要原因是在"应用"上。我们前文提到过，人工智能作为一项技术不可能单独发展，它必须依赖于计算机技术在整个社会的广泛应用才能真正发展起来。首先就是强大实用，这次的计算机人工智能浪潮中，很多产品都是能够投入生活当中实际使用的，它具有强大的实用性。其次是社会需求，当互联网、物联网、移动互联网普及了之后，当信息技术到了每个人的指尖，当计算机进入每个家庭、介入人们的生活的时候，人工智能开始解决日常的生活问题，整个社会对于人工智能的需求也日渐增加。强大的实用性和快速增长的社会需求，这二者同时将第三次人工智能的浪潮推动到了更新、更高的水平。

三、人工智能与会计信息化应用

随着互联网、人工智能及区块链技术的快速发展，我国会计工作也呈现出多种发展路线。智能会计，即将人工智能技术与会计工作相融合，以优化算法、大数据分析、云计算等高新科技为核心要素，全面赋能会计工作，提升会计工作的服务效率，拓展会计工作的覆盖范围及纵深，实现会计工作的智能化、个性化、定制化。智能会计基于不断成熟的人工智能技术在会计工作中的应用，逐渐获得会计工作者的认同，其具体应用包括以下几个方面。

区块链是一种分布式数据库技术，具有防篡改、可追溯等作用，在智能会计领域可以具有确保数据的真实完整性以及分布式数据处理等优势。智能会计以人工智能、大数据及云计算为主要依托。其中，大数据是智能会计的核心，云计算则是智能会计的实现工具。利用区块链的分布式数据存储技术，可以确保海量数据的难以篡改和可追溯性，在确保数据准确性的同时实现了智能会计的精准定位，打造会计信任平台。区块链技术在智能获客、大数据风控和智能投顾等场景具有较大的发挥空间。

（一）智能获客

智能获客是以大数据为基础,通过数据分析和特征提取技术对会计服务用户进行画像,并通过建立不同需求的响应输出模型,从而极大地提升获客效率。对于垂直创业企业来讲,获客成本至关重要。随着互联网的快速发展,市场流量竞争愈演愈烈,流量获取成本大大提高,严重限制了中小型企业的发展。智能获客通过人工智能技术进行场景创新,形成了新型的低成本获客模式,将智能技术与产品运营相结合,而不是粗暴的流量买卖,在提高获客效率和精准度的同时,也为中小型创业企业提供了良好的发展环境。在智能获客方面,区块链技术可以更准确地提供用户信息画像,为用户提供准确的匹配服务,提高业务效率。尤其是对于目前的互联网会计工作来说,更是获益匪浅。

（二）大数据风控

大数据风控是指结合大数据分析、云计算、智能分析算法,搭建反欺诈、信用风险评估模型,多维度、全方位控制会计工作的操作风险,即通过海量数据优化风险评估模型的方法找到模型最优配置参数,从而对借款人进行风险控制和风险提示,同时避免资产损失。传统的风控技术多由各机构自己的风控团队以人工的方式进行经验控制。但随着互联网技术的不断发展,整个社会发展大力提速,传统的风控方式已逐渐不能支撑机构的业务扩展。在风险控制方面,区块链技术可以提高风控数学模型的准确性,提供更有效的风控服务。而大数据对多维度、大量数据的智能处理,批量标准化的执行流程,更能贴合信息时代风控业务的发展要求。越来越激烈的行业竞争,也正是现今大数据风控如此火热的重要原因。

（三）智能投顾

智能投顾是指基于大数据和算法能力,对用户与资产信息进行标签化,精准匹配用户与资产。智能投顾又称为机器人理财,是基于客户自身理财需求,通过数据分析和搜索算法来提供更科学精准的理财顾问服务。根据投资者提供的风险承受能力、收益预期目标以及个人风格偏好等要求,运用一系列智能匹配算法及投资组合优化理论模型,为用户提供最终的投资参考,并根据市场的动态对资产配置再平衡提供建议。智能投顾可以利用区块链技术进行数据存储和处理,在确保数据完整性和安全性的同时,利用分布式网络结构可以实现数据并行处理,提高了数据的安全性和处理效率。目前,智能投顾主要包括智能选基金、智能调仓、智能服务等业务。

第四章

大数据驱动下会计信息总账的设置与管理

会计信息总账系统是由许多独立的模块组成的,各个模块的业务数据生成凭证之后,就会自动传递到总账系统进行统一的管理。在大数据驱动下,所有的账、证、表等都必须在计算机存储器中进行处理,这样有助于在满足优化会计科目体系的同时,实现精细核算的目的。本章就具体分析大数据驱动下会计信息总账的设置与管理。

第一节　总账管理

总账管理系统又称账务处理系统、总账系统,主要完成从记账凭证输入到记账、从记账到账簿输出等账务处理的工作。无论是从设计还是应用的角度,总账系统都是会计信息化的核心。所有的财务软件,设计的原理与理论依据是一样的,不同的只是设计的风格。所以,掌握财务软件的操作原理十分重要。

总账管理系统是会计信息系统中的核心子系统,它与其他子系统之间有着大量的数据传递关系。总账管理系统的主要功能包括初始设置、凭证管理、出纳管理、账簿管理、辅助核算管理以及期末处理。总账管理系统的应用流程如图 4-1 所示,可分为三个阶段:初始设置、日常业务处理和期末处理。

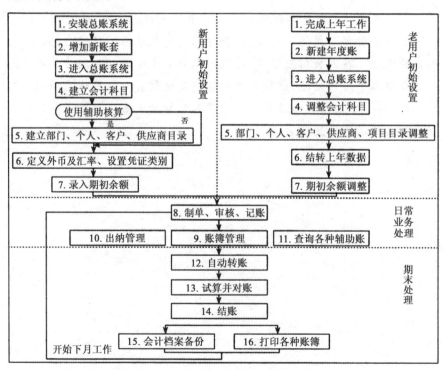

图 4-1　总账管理系统的应用流程

无论是计算机系统还是手工系统,其对账务处理的目标是一致的,都要遵循会计的基本理论与方法,遵循现行的会计制度与准则,帮助企业内外的信息使用者更有效地创造价值,其差别是由于数据处理工具的不同而导致的会计运作方式的不同。

第二节 初始化设置

一、初始化设置简介

系统初始化工作类似于手工方式下确定会计科目和账户。设计记账凭证,制定记账规则,结转期初余额等初始建账工作。它的作用是在计算机环境下建立一个本企业需要的会计核算的框架和系统应用的初始环境,是系统运行的基石。初始化工作一般由账套主管或账套主管指定的专人进行。初始化工作在系统投入正常使用前进行,以后一般不再重新设置或修改,如需修改应在年末结账后进行。初始化工作主要内容如下。

(一)设置系统参数

设置系统参数是对总账系统的系统选项进行设置,以便为总账系统配置相应的功能或设置相应的控制。第一次启用总账系统时,需要在有关参数设置的窗口进行部分参数的设置工作。在启用账套或业务变更后,也可以进行有关参数的设置或调整。

(二)设置基础数据

1. 货币类别设置

企业进行会计核算所采用的本位币及外币的设置。企业有外币业务时,除了进行外币类别设置外,还要设置是采用固定汇率还是浮动汇率。

2. 凭证类别设置

由于各单位业务量的多少有较大差距,因而使用的记账凭证类别往往不一样。有的单位使用一种类别的记账凭证,所有记账凭证统一编号;有的单位使用收款凭证、付款凭证、转账凭证三类或现金收款凭证、银行存款收款凭证、现金付款凭证、银行存款付款凭证、转账凭证五类,每类凭证单独编号,以便单独反映货币资金的收付等情况。用户往往根据企业的需要进行凭证类别的设置。为了防止凭证类别用错或输入错误,在设置凭证类别的同时,用户可以对各类凭证的使用进行限制性条件的设置。例如,收款凭证,设置借方必须是现金或银行存款科目;付款凭证,贷方必须是现金或银行存款科目;转账凭证,必须是不涉及现金或银行存款科目的凭证。

3. 会计科目设置

通用软件一般不固定会计科目,但可以根据企业的行业性质等提供预置的会计科目,由用户根据自己的会计业务处理和财务管理的需要及特点,在遵循系统要求的基础上灵活地设置会计科目。会计科目的设置就是将手工会计核算中所使用的会计科目表逐一地按要求描述到计算机系统中,从而实现计算机系统的会计科目管理。相应的操作有增加、删除、修改会计科目等。会计科目设置的主要内容包括会计科目的代码、名称,会计科目的性质、类型、对应账户的格式,以及科目所需要的辅助核算的要求等。会计科目设置时与手工会计核算相同,必须从一级科目开始,逐级设置明细科目。在总账管理系统中,只有末级会计科目才允许有发生额,才能接收各个子系统转入的数据。会计科目设置有三个问题需要注意。

(1)会计科目代码。

会计科目是对会计核算的具体内容所做的科学分类。无论是记账凭证的填制、账簿的输出还是报表的编制,都是根据会计科目进行的。科目代码给会计科目的使用、会计数据的分类与查找带来了很多的方便。但这并不是在计算机用于会计数据处理以后才提出来的,只是在计算机环境下,会计科目代码显得更为重要。以计算机作为处理工具的会计信息系统,必须有一套相应的会计科目体系以及会计科目编码方案,这对于提高系统的输入速度、处理效率、输出详细而又完整的会计核算资料都有着极为重要的意义。

（2）辅助核算。

辅助核算是计算机环境下特有的核算功能。它在企业原有的会计科目基础上,对以往的一些科目结构进行了优化调整,深化了企业的核算和管理工作。

例如,应收账款 15 000 元,是由 A 公司 10 000 元和 B 公司 5 000 元组成。在手工会计里,科目设置是 1131 应收账款,113101 应收账款——A 公司 10 000 元,113102 应收账款——B 公司 5 000 元。在计算机环境下,有两种方法处理:一种方法是仍然按手工的方法去设置;另一种方法是将 1131 应收账款设为辅助核算科目,然后在其辅助核算空间里再来详细登记应收账款的组成,A 公司 10 000 元,B 公司 5 000 元。在总账科目里,你只能看到 1131 应收账款的总数,没有 113101 和 113102 的记录,要想知道其详细情况就要到应收账款的辅助空间里去查找。

（3）银行结算方式设置。

企业在经营活动中所涉及的结算方式以及相关的票据管理也需要录入系统,以便在需要时使用。其内容包括结算方式的编码、名称、是否使用支票登记簿等。其相关操作包括增加、修改、删除等。

4. 期初数据的录入与试算平衡

为了保证会计数据的连续完整,并与手工账簿记录相衔接,系统在第一次使用前需要将各种基础数据录入计算机系统,以便系统在一个平衡的基础上进行下一个平衡。期初数据的录入分为两部分,分别是总账的期初数据录入和辅助账的期初数据录入。这些基础数据主要是最低一级明细科目的年初余额和系统启用前各月的发生额,其上级科目的余额和发生额由系统自动进行汇总完成,如果遇到某一科目设置了辅助核算,则应录入辅助核算明细的初始余额,其上级科目的余额也由系统自动汇总完成。数据录入完毕后,系统通常会自动对数据进行校验,如有错误,系统将提示修改,直至正确为止。当初始数据经过校验后,系统一般会关闭初始余额录入功能,以确保初始数据的正确性。当期初数据录入完毕并试算平衡后,初始化工作也就结束了,下面就开始进行日常会计核算的循环过程。

（三）期初数据录入

建立好账套以后，用户还需要在系统中建立基础档案和各账户的余额数据。总账管理系统需要输入的期初数据包括期初余额和累计发生额，企业建账的时间不同，输入的期初数据也会不同。

1. 年初建账

如果选择年初建账，则只需要准备各账户上年年末的余额作为新一年的期初余额，且年初余额和月初余额是相同的。比如，市面上的某家企业自 2019 年 1 月开始正式启用总账管理系统，那么该企业的相关工作人员只需要整理该企业 2018 年 12 月末各账户的期末余额作为 2019 年 1 月初的期初余额，因为 2019 年没有累计数据发生，所以 2019 年 1 月的月初余额也是 2019 年的年初余额。

2. 年中建账

如果选择年中建账，那么用户不仅要准备各账户启用会计期间上一期的期末余额作为启用期的期初余额，而且要整理自本年度开始至启用期的各账户累计发生数据。比如，某家企业自 2020 年 4 月开始，在公司内部正式启用总账管理系统，则应将企业 2019 年 3 月末各账户的期末余额以及 1 月、2 月和 3 月的借、贷方累计发生额一并整理完毕，以形成计算机系统的期初数据，再由相关工作人员逐一录入总账管理系统中，最后系统会自动计算年初余额。

二、初始化设置的情景模拟

我们可以通过情景模拟的方式去全面掌握会计信息总账的初始化设置，为以后的总账系统日常业务处理工作做好准备。可根据以下所给资料，进行总账系统参数设置；录入总账系统期初余额；进行总账期初余额试算平衡操作。

（一）情境资料

1. 总账控制参数

总账控制参数如表 4-1 所示。

表 4-1 总账控制参数

选项卡	参数设置
凭证	制单序时控制； 支票控制； 赤字控制：资金及往来科目； 赤字控制方式：提示； 可以使用应收、应付受控科目； 凭证编号方式采用系统编号
账簿	账簿打印位数、每页打印行数按标准设定； 明细账打印按年排页
凭证打印	打印凭证的制单、出纳、审核、记账等人员姓名
预算控制	超出预算允许保存
权限	不允许修改、作废他人填制的凭证； 凭证审核控制到相关操作人员； 出纳凭证必须由出纳签字； 明细账查询权限控制到科目
会计日历	会计日历为 1 月 1 日至 12 月 31 日； 数量小数位和单价小数位设置为 2
其他	外汇核算采用固定汇率； 部门、个人、项目按编码方式排序

（注：其余参数按系统默认设置。）

2. 期初余额

（1）武汉顺达科技有限公司 2017 年 1 月会计账户期初余额表如表 4-2 所示。

表 4-2 会计账户期初余额表　　　　　　金额单位：元

科目编码	科目名称	方向	辅助核算	期初余额
1001	库存现金	借	日记账	2 900.00
1002	银行存款	借	日记账、银行账	187 540.00
100201	工行存款	借	日记账、银行账	187 540.00

续表

科目编码	科目名称	方向	辅助核算	期初余额
1122	应收账款	借	客户往来、应收系统受控科目	154 000.00
1221	其他应收款	借	个人往来	5 000.00
1231	坏账准备	借	数量核算（盒）	2 600.00
1402	在途物资	借	数量核算（盒）	2 000.00
1403	原材料	借	数量核算（盒）	414 400.00
140301	CPU	借	数量核算（盒）	48 000.00（100 盒）
140302	内存条	借	数量核算（盒）	24 000.00（150 盒）
140303	硬盘	借	数量核算（盒）	200 000.00（250 盒）
140304	主板	借	数量核算（盒）	62 400.00（80 盒）
140305	显卡	借	数量核算（盒）	30 000.00（50 盒）
140306	光驱	借	数量核算（盒）	7 500.00（50 盒）
140309	显示器	借	数量核算（台）	36 000.00（20 台）
140310	键盘	借	数量核算（只）	4 000.00（40 只）
140311	鼠标	借	数量核算（只）	2 500.00（50 只）
1405	库存商品	借		156 000.00
140501	计算机	借	数量核算（台）	120 000.00（30 台）
140502	打印机	借	数量核算（台）	36 000.00（20 台）
1411	周转材料	借		19 700.00
141101	包装物	借		14 700.00
141102	低值易耗品	借		5 000.00
1601	固定资产	借		312 400.00
1602	累计折旧	借		101 202.00
1701	无形资产	借		20 000.00
2001	短期借款	贷	供应商往来、应付系统受控科目	160 000.00
2202	应付账款	贷		165 000.00
2211	应付职工薪酬	贷		28 000.00
221101	应付工资	贷		18 000.00

续表

科目编码	科目名称	方向	辅助核算	期初余额
221102	应付福利费	贷		10 000.00
2221	应交税费	贷		25 640.00
222102	未交增值税	贷		21 840.00
222106	应交所得税	贷		3 800.00
2241	其他应付款	贷		3 000.00
2231	应付利息	贷		10 000.00
4001	实收资本	贷		550 000.00
4104	利润分配	贷		239 998.00
410403	未分配利润	贷		239 998.00
5001	生产成本	借		11 500.00
500101	直接材料	借	项目核算	8 000.00
500102	直接人工	借	项目核算	2 000.00
500103	制造费用	借	项目核算	1 500.00

注:"生产成本"期初数据系因加工计算机项目而发生。

(2)"应收账款(1122)"辅助账期初余额表如表4-3所示。

表4-3 "应收账款(1122)"辅助账期初余额表

日期	凭证号数	客户	摘要	方向	金额(元)	业务员
2016-11-12	转-26	迅达商城	赊销计算机10台,含税单价5 265元,并代垫运费5 350元	借	58 000.00	赵军
2016-12-12	转-35	武汉精益	销售CPU 200盒,含税单价480元	借	96 000.00	宋飞

(3)"其他应收款(1221)"辅助账期初余额表如表4-4所示。

表4-4 "其他应收款(1221)"辅助账期初余额表

日期	凭证号数	部门名称	个人名称	摘要	方向	金额(元)
2016-10-28	转-25	采购部	周军	出差借款	借	5 000.00

（4）"应付账款（2202）"辅助账期初余额表如表4-5所示。

表4-5 "应付账款（2202）"辅助账期初余额表

日期	凭证号数	供应商	摘要	方向	金额（元）	业务员	票号	票据日期
2016-11-18	转-37	武汉兴隆	购买物资	贷	165 000.00	周军	C51	

（二）操作示范

1. 以账套主管"201张明"的身份登录总账系统

（1）执行"开始"→"程序"→"用友ERP-U8V10.1"→"企业应用平台"命令,弹出系统"登录"对话框,选择相关账套、相关操作人员及操作日期,进入企业应用平台。

（2）在企业应用平台的"业务工作"选项卡中,执行"财务会计"→"总账"命令,打开总账系统,如图4-2所示。

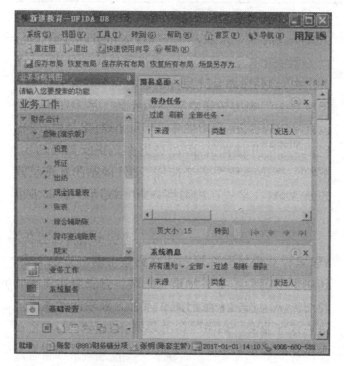

图4-2 打开总账系统

需要特别注意以下几点。

第一，如果在"财务会计"下没有显示"总账"系统，则表示该系统尚未启用，应先启用再注册（打开）。

第二，登录总账系统的应是具有相应账套操作权限的相关操作人员，系统管理员无权进入企业应用平台对任一账套进行操作。

第三，输入完相关操作人员和密码后，如果账套显示栏为空白，单击后提示"读取数据源出错：口令不正确！"则应返回"系统管理"窗口，检查该相关操作人员和密码输入是否正确。

第四，操作日期必须在总账系统启用日期之后，否则系统会提示"不存在的年度"。

2. 选项设置

（1）在总账系统中，单击"设置"→"选项"命令，打开"选项"对话框。

（2）单击"编辑"按钮，进入选项编辑状态。

（3）分别打开"凭证""账簿""凭证打印""预算控制""权限""会计日历"和"其他"选项卡，按照任务资料的要求进行相应的设置，如图4-3所示，最后单击"确定"按钮保存设置。

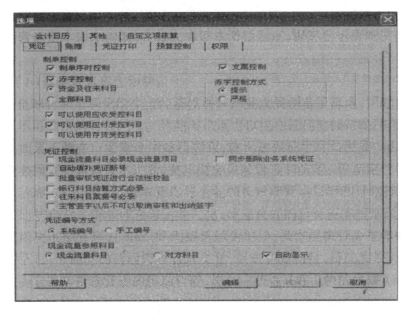

图4-3 总账系统选项设置

下面对一些主要选项卡进行说明。

"凭证"选项卡：

①制单序时控制：选中该复选框,则制单日期只能由前往后填。例如,填制了 2017 年 1 月 8 日的凭证,就不能再填制 2017 年 1 月 7 日及之前日期的凭证了。

②支票控制：选中该复选框,则在使用银行科目编制凭证时,如果录入了未在支票登记簿中登记的支票号,系统将提供登记支票登记簿的功能。

③赤字控制：表示在科目制单时,如果最新余额出现负数,系统将予以提示,控制方式可以选择提示或者严格控制(不能再制单)。

④可以使用应收、应付和存货受控科目：通常情况下,对于受控于其他系统的科目,为了防止重复制单,只允许其受控系统使用此科目制单,总账系统则不能使用此科目制单。所以,如果需要在总账系统中使用这些科目制单,则应选择该复选框。

⑤现金流量科目必录现金流量项目：选中该复选框,则在录入凭证时如果使用现金流量科目,就必须输入现金流量项目及金额,反之则不选中。

⑥凭证编号方式：若选中"系统编号",则凭证编号自动生成,不受人工干预。

"账簿"选项卡：

①打印位数宽度：在此可定义正式账簿打印时各栏目的宽度。

②凭证、账簿套打：套打是用友公司专门为用友软件用户设计的,适合于用各种打印机输出管理用表单和账簿。

③明细账按年排页：全年账页统一排序,即只有一个第一页。若选择按月排页,则每月账页都从第一页开始排序。

"凭证打印"选项卡：

①打印凭证的制单、出纳、审核、记账等人员姓名：若选中此项,则系统会自动打印出这些相关操作人员的姓名,反之则不打印。

②凭证、正式账每页打印行数：此项设置决定了输出的凭证和正式账页每页的行数。

"权限"选项卡：

①制单权限控制到科目：选中此项,则在制单时,相关操作人员只能使用具有相应制单权限的科目制单,这个功能要与"数据权限"中的

设置科目权限共同使用才有效。

②制单权限控制到凭证类别：选中此项，则在制单时，只显示此相关操作人员有权限的凭证类别，这个功能要与"数据权限"中的设置凭证类别权限共同使用才有效。

③相关操作人员进行金额权限控制：选中此项，则可以对不同级别的人员进行金额大小的控制，这个功能要与"数据权限"中的设置金额权限共同使用才有效。

④凭证审核控制到相关操作人员：选中此项，则只允许某相关操作人员审核另外某个相关操作人员填制的凭证，这个功能要与"数据权限"中的设置用户权限共同使用才有效。

⑤出纳凭证必须经由出纳签字：选中此项，则要求库存现金科目、银行存款科目凭证必须由出纳人员核对签字后才能记账。

⑥允许修改、作废他人填制的凭证：选中此项，则允许相关操作人员修改、作废他人填制的凭证。例如，选择"控制到相关操作人员"，则要与"数据权限"中的设置用户权限共同使用才有效。

⑦可查询他人凭证：选中此项，则允许相关操作人员查询他人填制的凭证。例如，选择"控制到相关操作人员"，则要与"数据权限"中的设置用户权限共同使用才有效。

⑧明细账查询权限控制到科目：这是权限控制的开关，在"数据权限"设置中设置明细账查询权限，必须在总账系统的"选项"窗口中打开此项，才能起到控制作用。

需要注意的是，总账系统的参数将决定总账系统的输入控制、处理方式、数据流向、输出格式等，设置后一般不能随意改变。

3. 录入期初余额

在总账系统中，执行"设置"→"期初余额"命令，进入期初余额录入窗口。

（1）末级科目录入。光标定位，直接输入末级科目的期初余额，如在"库存现金"栏录入"2 900"，如图4-4所示。"坏账准备"和"固定资产"等科目的录入方法与此相同。

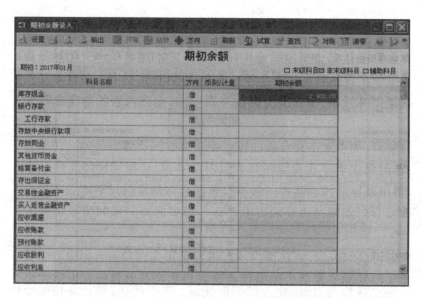

图 4-4　期初余额录入——末级科目

（2）非末级科目录入。非末级科目的期初余额由其下级科目汇总生成，不能直接录入，需要先录入其下级科目期初余额。例如，不能直接录入"银行存款"的期初余额，而应该先在"银行存款——工行存款"这个末级科目处录入"187 540"，则系统会将"银行存款"所属下级科目余额自动汇总并加以显示，如图 4-5 所示。"周转材料"和"应付职工薪酬"等科目的录入方法与此相同。

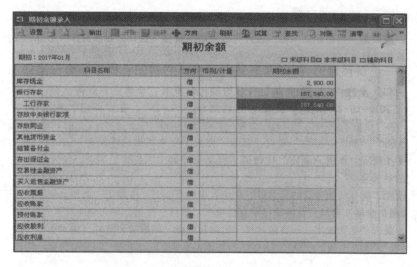

图 4-5　期初余额录入——非末级科目

如果非末级科目下属科目还设置了数量金额核算要求,则除了按上述方法录入末级科目金额外,还需要录入其期初数量,所录金额会影响试算平衡,数量不影响试算平衡,但会影响单价的计算。例如,在"原材料—CPU"栏除了要录入金额"48 000",还要在下面的数量栏录入"100",原材料其他下级科目的录入方法与此相同,如图4-6所示。

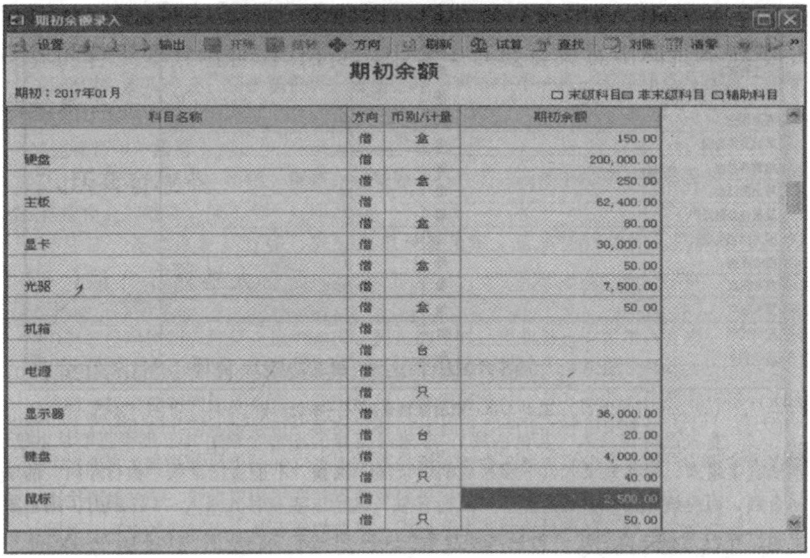

图4-6 期初余额录入——非末级数量金额核算科目

（3）辅助核算科目录入。设置了辅助核算的往来科目后,在期初余额录入时,应双击"期初余额"栏,进入"辅助期初余额"窗口。在该窗口中单击"往来明细"按钮,进入"期初往来明细"窗口。单击"增行"按钮,录入辅助核算的明细期初数据。例如,录入"其他应收款"科目的期初余额时,根据实训资料,在"日期"栏选择"2016-10-28",在"凭证号"栏选择"转-25",在"部门"栏选择"采购部",在"个人"栏选择"周军",在"摘要"栏录入"出差借款",在"金额"栏录入"5 000"。单击"汇总"按钮,提示"完成了往来明细到辅助期初表的汇总!",如图4-7所示。单击"确定"按钮后,再单击"退出"按钮。同理,录入其他带辅助核算的科目余额。

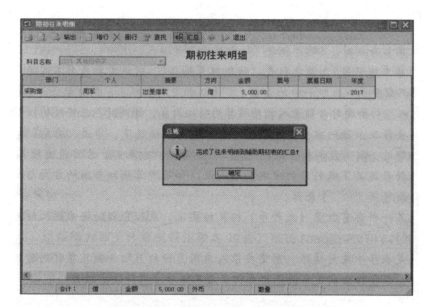

图 4-7　期初余额录入——辅助核算科目

设置了项目辅助核算的科目后,在录入期初余额时,应双击"期初余额"栏,进入"辅助期初余额"窗口。在该窗口中直接单击"增行"按钮,录入辅助核算的期初数据。例如,录入"生产成本——直接材料"的期初余额,根据实训资料,在"项目"栏选择"计算机",在"金额"栏录入"8 000",如图 4-8 所示,单击"退出"按钮。同理,录入"生产成本——直接人工"和"制造费用"的期初余额。

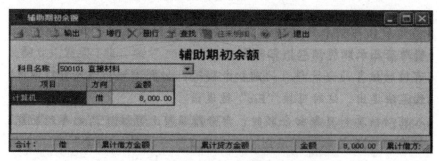

图 4-8　期初余额录入——项目辅助核算科目

(4)期初余额试算平衡。在期初余额录入窗口,单击上方的"试算"按钮,系统进行试算平衡,试算结果如图 4-9 所示,然后单击"确定"按钮。

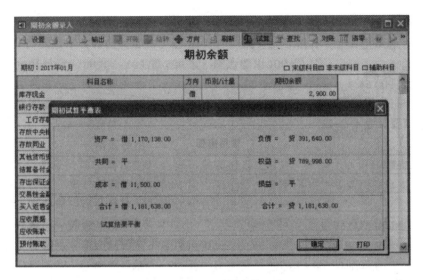

图 4-9　期初余额试算平衡

期初余额试算平衡需要注意以下几点。

第一,在用友系统中录入期初余额时,"期初余额"栏会显示三种颜色。其中,白色代表"末级科目",灰色代表"非末级科目",黄色代表"辅助科目",用户需要采用不同的方法进行录入。对于非末级科目的余额,无须操作人员手动录入,而是由系统自动计算生成,只有末级科目的余额需要操作人员经过仔细验证后逐一录入。另外,操作人员针对辅助科目去录入期初余额时,一定要同时录入辅助核算的相关内容,而不能忽略这一步骤,修改时也应如此,记录好修改情况与内容。

第二,相关人员如有修改余额方向的需求,首先要明白一点,对于已经录入期初余额的,余额方向是不能随意修改的,只有将其删除才能进一步进行调整。调整的方法很简单,找到"方向"按钮,单击这一按钮,即可完成操作。

第三,下级科目如果与总账科目的方向不一致,就会出现问题,二者方向和谐统一才能保证账目清晰明了,才是正常的操作步骤。另外,操作人员在录入明细账余额方向的时候,如果发现其与总账余额的方向相反,可以用"-"号表示。

第四,在录入余额时,可能出现这样一种情况,即某一科目有数量(或外币)核算的要求,那么操作人员在录入余额的时候,一定不能忘了同时输入该余额的数量(或外币金额),否则这一操作就不符合要求。

第五,如果操作人员需要在年中的某月建账,那么在具体操作过程中就要录入启用月份的月初余额及年初到该月的借贷方累计发生额,而年初余额则由系统自动生成。

第六,相关工作人员需要明白的是,系统虽然有自动核算的功能,但只针对月初余额的平衡关系,关于年初余额的平衡关系,系统是不能进行自动核算的。而且,如果期初余额试算结果为不平衡,虽然可以利用系统进行填制凭证,但不允许记账。

第七,凭证记账后,期初余额变为浏览、只读状态,只可以查询或打印。如果需要修改,则需要将所有已记账凭证取消记账。

第八,在录入有辅助核算的会计科目的期初余额时,如果在期初录入窗口中多拉出一个空白行而导致无法退出,这时可按"Esc"键退出。

第九,在录入辅助科目期初余额时,部分栏目可利用右下角的参照功能调用基础档案内容,如果参照中无内容,则应到"基础设置"→"基础档案"中完善信息。例如,如果不显示对应的个人档案信息(或录入人员编码时,系统提示"人员非法"),则原因可能是未录入"人员档案"信息,或在"人员档案"设置中没有选中"是否业务员"选项。

第三节　凭证处理

一、凭证处理简介

凭证处理包括填制凭证、审核凭证及根据要求查询凭证等内容。在这里,我们简单地介绍一下填制凭证。记账凭证一般包括两部分:一是凭证头部分,包括凭证类别、凭证编号、凭证日期和附件张数等;二是凭证正文部分,包括摘要、科目、借贷方向和金额等。如果输入的会计科目有辅助核算要求,则应输入辅助核算内容;如果一个科目同时兼有多种辅助核算,则同时要输入各种辅助核算的有关内容。

二、填制凭证的情景模拟

我们可以通过情景模拟的方式学会设置常用摘要和常用凭证。凭证处理包括填制凭证、审核凭证及根据要求查询凭证等内容。下面设置特殊情景,详细介绍填制凭证的操作方法。

(一)情境资料

1.设置常用摘要和常用凭证

常用摘要和常用凭证如表4-6、表4-7所示。

表4-6 常用摘要

编码	内容	编码	内容
01	报销差旅费	03	采购材料
02	收回货款	04	销售产品

表4-7 常用凭证

编码:001;说明:提取现金;凭证类别:记;附单据数:1				
详细信息	摘要	科目编码	借方金额	贷方金额
	提取现金	1001	10 000	
		100201(结算方式202)		10 000

2.2015年8月公司发生的经济业务

(1)8月2日,采购部白雪以现金购买了一些办公用品并支付200元。

借:管理费用——办公费(660203)　　　　　　　　　　200

　　贷:库存现金(1001)　　　　　　　　　　　　　　　200

(2)8月3日,财务部王晶从工行提取现金10 000元并将其作为备用金,现金支票号XJ001。

借:库存现金(1001)　　　　　　　　　　　　　　　10 000

　　贷:银行存款——工行存款(100201)　　　　　　　10 000

(3)8月5日,兴华公司向公司账户转账10 000美元作为投资资金,汇率1∶8.275,转账支票号ZZW001。

借:银行存款——中行存款(100202)　　　　　　　82 750

　　贷:实收资本(4001)　　　　　　　　　　　　　　82 750

(4)8月8日,采购部白雪以每盒1 200元的价格,为公司采购

PIII 芯片 10 盒,采购芯片直接入库,货款以银行存款支付,转账支票号 ZZR001。

借:原材料——生产用原材料(140301) 12 000

　　贷:银行存款——工行存款(100201) 12 000

　(5)8 月 12 日,销售部王丽收到华宏公司以转账支票方式的还款 99 600 元,用以偿还前欠货款,转账支票号 ZZR002。

借:银行存款——工行存款(100201) 99 600

　　贷:应收账款(1122) 99 600

　(6)8 月 14 日,采购部白雪从兴华公司以 800 元 / 盒的单价,购入 40GB 硬盘 100 盒,货税款暂欠,商品已验收入库,适用税率17%。

借:库存商品(1405) 80 000

　　应交税费——应交增值税——进项税额(2221) 13 600

　　贷:应付账款(2202) 93 600

　(7)8 月 16 日,总经理办公室支付业务招待费 1 200 元,转账支票号 ZZR003。

借:管理费用——招待费(660205) 1 200

　　贷:银行存款——工行存款(100201) 1 200

　(8)8 月 18 日,总经理办公室肖剑出差归来,报销差旅费 2 000 元,交回现金 200 元。

借:管理费用——差旅费(660204) 1 800

　　库存现金(1001) 200

　　贷:其他应收款——应收个人款(122102) 2 000

　(9)8 月 20 日,一车间领用 PIII 芯片 5 盒,单价 1 200 元 / 盒,用于设备安装工程的生产。

借:生产成本——直接材料(500101) 6 000

　　贷:原材料——生产用原材料(140301) 6 000

　(10)8 月 28 日,取得银行短期借款 100 000 元,转账支票号 ZZR004。

借:银行存款——工行存款(100201) 100 000

　　贷:短期借款(2001) 100 000

（二）凭证填制的操作示范

1. 设置常用摘要和常用凭证

设置常用摘要和常用凭证的操作步骤如下。

业务1：常用摘要的设置

（1）以总账会计马方的身份登录"企业应用平台"，操作日期为"2015-08-31"，单击"确定"按钮，进入"企业应用平台"窗口。

（2）在"业务导航图"中，选择"基础设置"，单击"基础档案"—"其他"，然后双击"常用摘要"，进入"常用摘要"设置对话框。

（3）单击"增加"按钮，新增一条常用摘要，在"摘要编码"栏中输入"01"，在"摘要内容"栏中输入"报销差旅费"。第一行设置完成后，单击"增加"按钮，进行下一个常用摘要的设置，如图4-10所示。

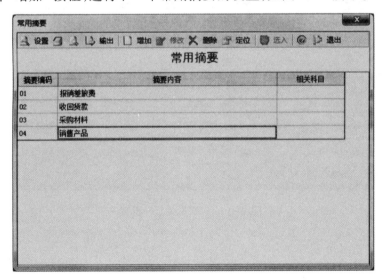

图4-10　"常用摘要"设置

业务2：常用凭证的设置

（1）在"业务导航图"中，选择"业务工作"，单击"总账"—"凭证"，然后双击"常用凭证"，进入"常用凭证"设置对话框。

（2）单击"增加"按钮，新增一条常用凭证，在"编码"栏中输入"01"，在"说明"栏中输入"提取现金"。在"凭证类别"栏中选择"记账凭证"，在"附单据数"栏中输入"1"。

（3）单击"详细"按钮，进入凭证分录定义窗口，进行详细设置。

（4）单击"增分"按钮，在"科目编码"栏中输入或选择"1001"科目，然后在"借方金额"栏中输入"10 000"，回车。

（5）输入贷方信息，单击"增分"按钮，在"科目编码"栏中输入或选择"100201"科目，然后回车，系统自动弹出"辅助信息"对话框，在"结算方式"栏中选择"201 现金支票"。

（6）单击"确定"按钮返回，在"贷方金额"栏中输入"10 000"。完成提取现金的常用凭证设置，如图 4-11 所示。

图 4-11 "常用凭证"设置

2. 凭证填制

凭证填制的具体步骤如下。

业务 1：辅助核算——部门核算

在凭证填制过程中，若某科目为"银行科目""外币科目""数量科目""辅助核算科目"，输完科目名称后，则需继续输入该科目的辅助核算信息。

操作步骤：

①执行"凭证"—"填制凭证"操作，进入"填制凭证"窗口。

②单击"增加"按钮，增加一张空白凭证。

③输入制单日期"2015-08-02";输入附单据数"1"。

④输入摘要"购买办公用品";输入科目名称"660203",按"Enter"键,弹出"辅助项"对话框。输入部门"采购部",单击"确认"按钮,输入借方金额"200",按"Enter"键;摘要自动带到下一行,输入科目名称"1001",贷方金额"200",单击"保存"按钮,系统弹出"凭证已成功保存!"信息提示框,单击"确定"按钮,如图4-12所示。

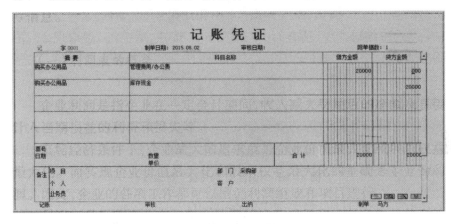

图4-12 记账凭证填制

需要注意的是:

录入该笔分录的借方或贷方本位币发生额,金额不能为零,但可以是红字,红字金额以负数形式输入。如果方向不符,可按空格键调整方向。主要包括以下几点。

第一,增加一张新凭证,除了单击"增加"按钮还可以按"F5"键。

第二,输入凭证分录的摘要,按"F2"键重建或参照按钮输入常用摘要,但常用摘要的选入不会清除原来输入的内容。

第三,末级科目可以手工输入,也可以参照按钮输入,还可以按"F2"键参照录入。

第四,"Ctrl+S"键:录入、查询辅助核算(只对总账凭证有效)。

第五,"F4"键:调用常用凭证。

第六,在金额处按"="键,系统将根据借贷方差额自动计算此笔分录的金额。例如,填制某张凭证时,前两笔分为借"100"、借"200",在录入第三笔分录的金额时,将光标移到贷方,按下"="键,系统自动填写"300"。

第七，保存凭证可以按"保存"按钮，也可按"F6"键保存。

业务2：调用常用凭证、辅助核算——银行科目

操作步骤：

①执行"凭证"—"填制凭证"操作，进入"填制凭证"窗口，单击工具栏上的"常用凭证"按钮右边的下三角，选择"调用常用凭证"，系统弹出"调用常用凭证"对话框，如图4-13所示。

②单击"…"按钮，系统弹出"常用凭证代号"对话框。

③选中编码"01"所在行，单击"选入"按钮，系统将"提取现金"凭证自动调入。

图4-13 "调用常用凭证"对话框

④将"制单日期"修改为"2015-08-03"。

⑤选中银行科目"100201 银行存款——工行存款"科目所在行，然后同时按下"Ctrl"键和"S"键（或者在凭证体"票号日期"区域双击，也可以双击凭证右下角"辅助项"按钮），进入"辅助项"对话框。

⑥输入结算方式"201"，票号"XJ001"，发生日期"2015-08-03"，单击"确定"按钮。

⑦凭证输入完成后，若此张支票未登记，则系统弹出"此支票尚未登记，是否登记？"对话框。

⑧单击"是"按钮，弹出"票号登记"对话框。"10 000"，用途"备用金"，单击"确定"按钮。

⑨单击"保存"按钮，保存该凭证。

需要注意的是：

选择支票控制，即该结算方式设为支票管理，银行账辅助信息不能为空，而且该方式的票号应在支票登记簿中有记录。

业务3：辅助核算——外币科目

操作步骤：

①操作人员在填制凭证的时候，将外币科目"100202"输入完毕后，就会发现系统会在当下自动弹出"辅助项"输入窗口，操作人员进一步

输入外币金额"10 000",这时候无须进行额外的操作,等待系统自动核算即可。根据系统所显示的外币汇率 8.275,系统会及时算出本位币金额结果,即 82 750 元,如图 4-14 所示。

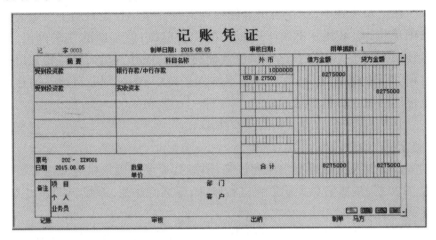

图 4-14 "记账凭证"辅助核算

②操作人员将所有信息和数据在系统中输入完毕后,千万别忘了单击"保存"按钮,唯有将凭证保存好,才能进行下一步的操作。

需要注意的是:

在系统汇率栏中,操作人员不能对其内容进行修改,也不可输入其他内容。唯有在使用浮动汇率的情况下,当汇率栏中因此显示最近一次汇率时,操作人员才可以根据自己的需求在汇率栏中进行输入或修改部分内容。

业务 4:辅助核算——数量科目

操作步骤:

①操作人员在进行数量科目核算时,先要在系统中输入数量科目"140301",系统当即弹出"辅助项"对话框。

②操作人员需先确定数量为"10"、单价为"1 200",在系统中找到数量栏和单价栏,分别输入"10""1 200",并单击"确认"按钮。

业务 5:辅助核算——客户往来

操作步骤:

①操作人员在进行客户往来核算时,先确定客户往来科目为"1122",核实信息无误后再进行输入,输入完毕后,系统当即弹出"辅助项"对话框。

②操作人员先确认客户为"华宏公司",发生日期为"2015-08-12",信息核对完毕后,在系统中对应栏里分别输入正确的内容。

需要注意的是:

在这一步骤中,操作人员首先要弄清楚往来单位是否属于已定义的往来单位,如果其并不属于已定义的往来单位,属于新的往来单位,那么表明系统中并不存在这一单位的辅助信息,操作人员需要将相关信息收集、整理、确认完毕,随后准确地输入系统中,系统则会自动追加这一单位的信息于往来单位目录中。

业务6:辅助核算——供应商往来

操作步骤:

①操作人员在进行供应商往来核算时,需要先确认供应商往来科目为"2202",核实信息无误后再进行输入,输入完毕后,系统当即弹出"辅助项"对话框。

②操作人员先确认供应商为"兴华公司",发生日期为"2015-08-14",信息核对完毕后,在系统中对应栏里分别输入正确的内容。

以上步骤都完成后,操作人员可仔细检查一遍,之前输入的信息是否存在误差,确认没有问题后,找到"确认"按钮并进行单击操作,业务6便圆满完成。

业务7:辅助核算——部门核算

操作步骤:

①操作人员在进行部门核算的时候,需要先确认部门核算科目为"660205",系统当即弹出"辅助项"对话框。

②操作人员在对应栏里输入部门"总经理办公室",找到"确认"按钮并进行单击操作。

业务8:引入常用摘要、辅助核算科目——个人往来

操作步骤:

①操作人员在处理"个人往来"这一辅助核算科目时,需要先找到"摘要"栏,同时单击"多选"按钮,系统进入"常用摘要"对话框,操作人员可单击"报销差旅费"这一行,然后在工具栏单击"选入"按钮,常用摘要便选入完成。

②操作人员先确认贷方个人往来科目为"122102",确认信息无误后,再输入借方科目和贷方个人往来科目,完成以上步骤,系统当即弹出"辅助项"对话框。

③操作人员先确认输入部门为"总经理办公室",个人为"肖剑",发生日期为"2015-08-18",信息核对完毕后,在系统中对应栏里分别输入正确的内容。

以上步骤都完成后,操作人员经过仔细检查,确认之前输入的内容不存在问题,即可单击"确认"按钮,完成业务8的操作。

需要注意的是:

操作人员在填制凭证的过程中,针对个人信息的输入时,一定同时输入"部门名称"和"个人名称"。有的工作人员忽略了这一点,只输入"个人名称",这时候系统会根据操作员所输入的个人名称自动输入其所属的部门,因为系统信息未必齐全,有时候会发生谬误的情况。

业务9:辅助核算科目——项目核算

操作步骤:

①操作人员在进行项目核算的时候,先认定项目核算科目为"500101",确认信息无误后,将其输入对应栏,系统会立即弹出"辅助项"对话框。

②操作人员确认项目名称为"设备安装工程",并输入这一信息,最后单击"确认"按钮。

需要注意的是:

系统会自动计算出金额,并将金额先放在借方,如果方向不符,操作人员可将光标移动到贷方,按"Space(空格)"键即可调整金额方向。

第四节　出纳处理

一、出纳处理简介

(一)日记账

在手工会计处理方式下,企业每一项经济业务的发生都是通过凭证来反映的,然后根据凭证所反映的科目分别登记到各种账簿中,形成各账簿内容。有关现金的要逐笔登记到现金日记账里,有关银行存款的也要逐笔登记到银行存款日记账里，并由出纳人员单独对其管理。在计算机环境下，凭证进入系统后是以数据库文件的形式存放在凭证文件库里，不再需要登记明细账和总账。需要明细账时系统会根据所需科目自动到凭证文件库里进行查找，将具有相同科目编码的会计科目查找出来，组合在一起就形成了所要的明细账。现金日记账、银行存款日记账和资金日报表的生成也是根据这一原理。

1. 现金日记账

进入出纳管理模块，用户只需找到现金日记账的位置，点击相应的按钮，系统就会自动生成现金日记账，栏式日记账与明细账的区别就是日记账必须有当日小计。

2. 银行存款日记账

进入出纳管理模块，用户只需找到银行存款日记账的位置，点击相应的按钮，系统就会自动生成银行存款日记账。与现金日记账查询操作基本相同，不同的只是银行存款日记账采用多栏式结算，主要是为银行存款对账时使用。

3. 资金日报表

进入出纳管理模块，用户只需找到资金日报表的位置，点击相应的按钮，系统就会自动生成资金日报表。资金日报表是出纳管理模块不可分割的一部分，通过它，相关工作人员能准确无误地查询现金、银行存款发生额及余额情况。出纳员在每天营业结束的时候，都要如实填写资金日报表，主要是记录当天的现金、银行存款的收支情况及余额。除了查询功能外，资金日报表还能提供诸多信息，如提供当日借、贷金额合计和余额等，能显著提高财务人员的工作效率。

（二）支票登记簿

支票是资金表达的另一种形式。犹如银行存款，我们同样地要对它进行特别管理。在计算机系统中使用支票登记簿的要求如下。

（1）在"会计科目"中设置"银行账"科目。

（2）在结算方式中设置票据管理要求。

（3）在建账选项中选择支票控制，系统才会在后期的执行中对其管理，没有设置管理要求的，系统不会执行票据管理。注意领用日期和支票号必须输入，报销日期不能在领用日期之前，已报销的支票可成批删除。

（三）银行对账

为了保证会计核算的正确性，通常我们都需要定期进行账实核对，现金和银行存款是两个特别重要的会计科目，对它们更应该加强管理。现金的账实核对是通过不定期查库完成的。银行存款的账实核对是通过银行对账来进行的。银行对账就是将企业的银行存款记账与银行的实际存款日记账（即银行对账单）进行逐一核对，查看是否一致。由于存在着时间性的差异（即未达账项），可能造成不一致，因此我们需要将这种差异进行调整，如果调整后是一致的，说明账记对了；如果调整后还不一致，就说明账记错了，需要查找原因，直到正确为止。所以，计算机进行银行对账的思路和基本工作过程如下。

（1）录入初始未达账。

（2）录入银行对账单。

（3）将银行对账单与计算机里存有的企业记录的银行存款日记账进行逐一核对，对于核对上的项目系统自动加注核对标记，未核对上的项目作为未达账项。对账时可采用计算机自动对账，也可采用手工辅助对账。

（4）据以编制银行存款余额调节表，用以防止银行存款科目的错记或漏记，正确掌握银行存款的实际余额，加强银行存款这一重要科目的管理。

二、出纳处理的情景模拟

我们可以通过情景模拟的方式去掌握各类账簿的查询、管理、银行对账操作步骤和方法。

（一）情境资料

首先，我们需要熟练掌握现金日记账、银行存款日记账的操作方法，并熟知资金日报表的查询方法，在此基础上进一步学习支票登记的操作方法。为了方便学习，我们可以借用李出纳、钱主管等身份进行操作。

1月25日，销售二分部吴经理借转账支票一张，票号和金额分别为6 601和8 000元。以钱主管的身份进行账簿查询操作。以李出纳的身份进行银行对账操作。已知信息有工业公司银行账的启用日期、银行对账单调整前的余额，分别为2014年1月1日和177 258.16元。另外，还知未达账项一笔，系银行已收、企业未收款30 000元。银行对账单如表4-8所示。

表4-8　12月份银行对账单

日期	结算方式	票号	借方金额/元	贷方金额/元
2013-12-31			30 000	
2014-01-02	2	6601		8 000
2014-01-03	3	6602		
2014-01-05	3	6603	65 000	

（二）操作示范

1. 查询各类账簿

以李出纳的身份重新注册总账系统。

（1）现金日记账的查询步骤。

①打开需要的界面，找到"出纳""现金日记账"，执行命令，寻找并打开"现金日记账查询条件"对话框，如图4-15所示。

②在科目一栏输入正确信息，即"1001 现金"，默认月份一栏输入正确信息，即"2014.01"，检查输入信息，确认无误后，单击"确认"按钮，即从当前窗口进入"现金日记账"窗口。

③为了查看相应的凭证，可进行进一步的操作，要么双击某行，要么先将光标定在某行，再找到凭证按钮进行单击。

④为了查看此科目的三栏式总账，可进行进一步的操作，即找到

"总账"按钮并进行单击,完成以上步骤,查询到相关信息后,找到"退出"按钮,并单击,便完成现金日记账的查询步骤。

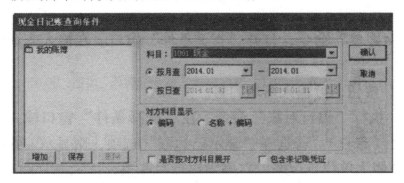

图 4-15　"现金日记账查询条件"对话框

（2）银行存款日记账的查询步骤。

现金日记账的查询操作并不十分复杂,但需要操作人员全程专注,不可过于粗心。掌握了现金日记账的查询操作,相当于掌握了银行存款日记账的查询操作。因为二者基本相同,唯一不同的是,在银行存款日记账的查询步骤中,多了一个结算号栏,主要应用于对账过程中。

（3）资金日报表的查询步骤。

①打开需要的界面,找到"出纳""资金日报表",执行命令,寻找并打开"资金日报表查询条件"对话框,如图 4-16 所示。

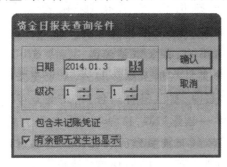

图 4-16　"资金日报表查询条件"对话框

②确认查询日期为"2014.01.3",确认无误后在对应栏里输入这一信息。对话框左下角有两项选择,即"包含未记账凭证"和"有余额无发生也显示",勾选后者。

③想要进入"资金日报表"窗口,可进行进一步的操作,即在"资金日报表查询条件"对话框中找到确认按钮并进行单击,完成以上步骤,

查询到相关信息后,找到"退出"按钮,并单击,便完成资金日报表的查询步骤。

（4）支票登记簿的操作方法。

①打开需要的界面,找到"出纳""支票登记簿",执行命令,寻找并打开"银行科目选择"对话框。

②确认科目为"100201工行存款",找到"确认"按钮,并单击,完成以上操作便能成功进入"支票登记"窗口。

③单击"增加"按钮。

④在对应栏里输入领用日期为"2014-01-25",领用部门为"销售二分部",领用人为"吴经理",支票号为"6601",预计金额为"8 000"。针对以上信息,输入并核对完毕后,操作人员随后应找到"保存"按钮,并进行单击。完成以上步骤后,找到"退出"按钮,并单击,便完成支票登记簿的操作方法。

2. 账簿管理

为了掌握账簿管理的相关操作方法,我们以钱主管的身份重新注册总账系统。关于辅助账的查询,这里只着重介绍部门账,其他账簿查询也是如此。

（1）查询基本会计核算账簿。

①为了查询总账信息,先后找到"账表""科目账",执行"账表"→"科目账"命令,随后执行"科目账"→"总账"命令,打开需要的界面后,针对相关信息一一进行核实。

②为了查询发生额及余额表信息,先后找到"账表""科目账",执行"账表"→"科目账"命令,随后执行"科目账"→"余额表"命令,打开需要的界面后,针对相关信息一一进行核实。

③为了查询月份综合明细账信息,先后找到"账表""科目账",执行"账表"→"科目账"命令,随后执行"科目账"→"明细账"命令,打开需要的界面后,针对相关信息一一进行核实。

（2）部门总账。

①想要查询部门总账相关信息,第一步是打开"部门三栏总账条件"窗口,找到"账表"→"部门辅助账",执行"账表"→"部门辅助账"命令,随后执行"部门辅助账"→"部门总账"命令,最后执行"部门总账"→"三栏式总账"命令,即可完成打开"部门三栏总账条件"窗口的目的。

②在科目一栏里输入"550205 招待费","部门"一栏里输入"总经理办公室",核对输入的信息,确认无误后即可进行下一步操作。

③找到"单机"按钮并确认,完成这一系列步骤后,方可显示查询结果。操作人员可根据查询结果去安排并执行后期工作。

④我们进行很简单的操作便可在以上步骤的基础上联查部门明细账,即将光标定在总账的某笔业务上,找到"明细"按钮并进行单击。

（3）部门明细账。

①为了查询部门明细账,首先要打开"部门多栏明细账条件"窗口,而具体的操作步骤也很简单,找到"账表""部门辅助账",执行"账表"→"部门辅助账"命令,再执行"部门辅助账"→"部门明细账"命令,即可成功打开"部门多栏明细账条件"窗口。

②在"科目"一栏里选择或输入"5502",部门一栏里选择或输入"总经理办公室",月份一栏里选择或输入"2014.01—2014.01"。在"分析方式"下方有两个选项,即"余额分析"和"金额分析",选择后者,如图4-17所示。

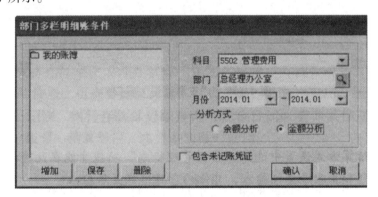

图 4-17　"部门多栏明细账条件"窗口

针对以上信息,输入并核对完毕后,操作人员随后应找到"确认"按钮,并进行单击。完成这一系列步骤后,方可显示查询结果。

（4）部门收支分析。

①为了查询部门收支分析的相关信息,首先要打开"部门收支分析条件"窗口,找到"账表""部门辅助账",执行"账表"→"部门辅助账"命令,再执行"部门辅助账"→"部门收支分析"命令,即可成功打开"部门收支分析条件"窗口。

②在此窗口内,操作人员需要进行一系列操作,首先选择分析科目,这一步的正确做法是选择所有的部门核算科目,找到"下一步"按钮并进行单击。

③选择分析部门,这一步的正确做法是选择所有的部门,找到"下一步"按钮并进行单击。

④选择分析月份。在起始月份和终止月份栏里分别选择或输入"2014.01""2014.01",如图4-18所示,找到"完成"按钮并进行单击,最后的查询结果便显示在我们面前。可根据查询结果安排和执行后期工作。

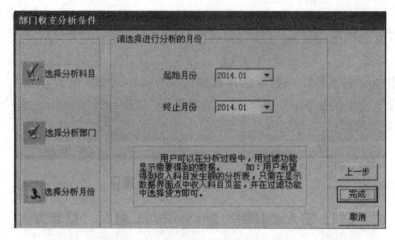

图4-18 "部门收支分析条件"窗口

3. 银行对账

为了掌握银行对账的相关操作方法,我们以李出纳的身份启动和注册总账系统。

(1)输入银行对账期初数据。

①打开需要的界面,找到"出纳""银行对账",执行命令,寻找并打开"银行科目选择"对话框。

②在科目一栏输入正确信息,即"100201工行存款",检查输入信息,确认无误后,单击"确认"按钮,即从当前窗口进入"银行对账期初"窗口,如图4-19所示。

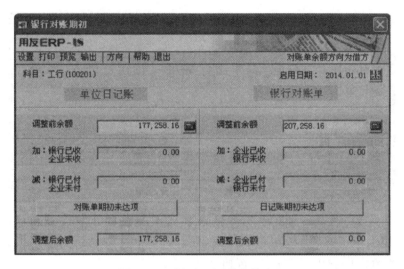

图 4-19 "银行对账期初"窗口

③确定启用日期为"2014.01.01"。

④仔细观察"银行对账期初"窗口,在单位日记账的调整前余额和银行对账单的调整前余额两项栏目中分别输入"177 258.16"和"207 258.16",检查无误后进行下一步操作。

⑤为了从"银行对账期初"窗口进入到"银行方期初"窗口,应先找到"对账单期初未达项"按钮并进行单击。

⑥找到"增加"按钮并进行单击,在"日期"一栏里输入"2013.12.31","结算方式"一栏里输入"3","借方金额"一栏里输入"30 000",找到"增加"按钮并进行单击。

⑦完成以上步骤后,找到"保存"按钮进行单击。完成这一系列操作后,想要退出系统,就要找到"退出"按钮并进行单击操作。

(2)输入银行对账单。

①打开需要的界面,找到"出纳""银行对账""银行对账单",执行命令,寻找并打开"银行科目选择"对话框。

②在科目一栏输入正确信息,即"工行(100201)",检查输入信息,确认无误后,单击"确认"按钮,即从当前窗口进入"银行对账单"窗口,如图 4-20 所示。

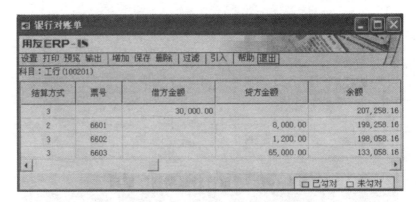

图 4-20 "银行对账单"窗口

③找到"增加"按钮进行单击,在银行对账单数据栏里输入正确信息,检查无误后单击"保存"按钮。

(3)进行银行对账。

①自动对账。

A．想要实现自动对账操作,首先要打开"银行科目选择"对话框。找到"出纳""银行对账",执行命令,即可打开"银行科目选择"对话框。

B．在科目一栏输入正确信息,即"工行(100201)",检查输入信息,确认无误后,单击"确认"按钮,即从当前窗口进入"银行对账"窗口。

C．找到"对账"按钮,即可打开"自动对账"条件对话框。

D．确认并输入截止日期为"2014.01.31",面对系统提供的其他对账条件进行默认。

需要注意的是:

一定要关注系统提供的对账条件,其所包含的方向相同、金额相同,这两个选项是必选条件,而对账截止日期则不那么重要,可根据自己的需要选择输入或不输入。

②手工对账。

A．想要完成手工对账的操作,首先要打开自动对账窗口,找到那些原本应该勾对却并未勾对上的账项,可分别双击"两清"栏,直接进行手工调整。

B．对账完毕,单击"检查"按钮,检查结果平衡,单击"确认"按钮。

(4)输出余额调节表。

①执行"出纳"→"银行对账"→"余额调节表"命令,打开"银行存款余额调节表"窗口,如图 4-21 所示。

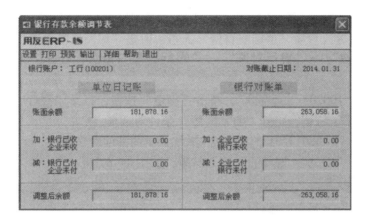

图 4-21 "银行存款余额调节表"窗口

②选中科目"100201 工行存款"。

③单击"查看"或双击该行,即显示该银行账户的银行存款余额调节表。

④单击"打印"按钮,打印银行存款余额调节表。

大数据驱动下会计信息基本业务的处理

大数据驱动背景下，企业的竞争已经不单单局限于关注投资收益、对目标市场的控制和稳健的客户关系。在经济市场不断发展的前提下，企业要想在市场竞争中立足，必须不断扩大其自身的经营范围以及经营规模，因此企业通过利用营运资本来推动资本的高效运转，为企业效益的提升奠定基础。本章主要研究大数据驱动下会计信息基本业务的处理，包括资产权益与所有者权益、收入成本与利润分配、会计报表分析、财产清查及处理。

第一节　资产权益与所有者权益

一、资产权益

（一）营运资本

营运资本是市场经济发展到一定阶段的必然要求，也是实现资源优化配置的有效形式。营运资本能够有效提升企业的资源配置质量，很好地解放生产力，促使企业的资本增值最大化，从而达到企业价值最大化。从目前来看，企业在营运资本过程中，仍然存在很多的误区，极大地影响了营运资本质量，也对进一步的企业经营战略实施造成了很大的影响。

1. 营运资本的管理原则

营运资本具有形态多变、周转周期短等显著特点，是企业全部资金中最重要的组成部分，也是一项重要的企业财务管理工作内容。企业需要制定与遵守营运资本的管理原则，来保证营运资本的科学、合理、高效。

（1）确定合理的资金需求量。

企业应该根据生产经营活动的需求，通过对未来经济活动的要求计算、确定营运资本的需求数量，充分了解企业生产经营销售周期曲线与自身生产经营的状况与特点，综合分析与测算来尽可能准确地确定营运资本的需求量。随着企业产销淡旺季的交替，流动资产与流动负债的增减成正比的关系，销售旺季，二者都会增加，而到了淡季，流动资产会减少，流动负债也相应减少。

（2）提高资金使用效率。

提高资金使用效率的一个最有效的办法就是加速资金的周转。资金周转是指从投入现金到进行生产，经过各种中间环节，最终通过销售实现资金回笼与增值。企业要扩大规模，实现快速发展，首先要加快资金周转速度,避免大量存货积压货款,加强应收账款的催缴工作,盘活资金,提高资金使用效率。

（3）节约资金使用成本。

实现企业快速发展的路径无外乎开源与节流,一方面,应想方设法提高资金使用效率;另一方面,应节约成本,减少开支,尽可能避免贷款和负债。开源与节流关系紧密,不能割裂开来,不能为了节流而阻碍生产与发展,必须正确处理生产经营需要和节约成本二者之间的关系。要提倡与遵守勤俭节约的理念与原则,尽力节约开支,但不能影响正常的生产经营。

（4）保证足够的短期偿债能力。

企业为了扩大规模,实现长远的发展,会产生巨大的资金需要与缺口,因此就免不了通过融资与贷款等方式来解决资金问题。但是借款对于企业发展来说是一把双刃剑,给企业带来更大的规模效益与机会的同时,也带来了负债的压力与亏损的风险。企业在借款前需要综合考量实际资金需求、预期收益、偿债能力等问题,量力而行,避免盲目贷款而无力偿还将自身陷于被动境地。由此可见,企业需要提高自身的偿债能力,合理安排资产与负债的比例,保证资产与负债在结构上的适配性,在资金流动过程中,保证自身有足够的短期偿债能力,突出流动资金的良好运行是营运资本管理的重要原则之一。

2. 企业营运资本的缺陷

一些传统的企业由于忽视营运信息化,也不重视培养专业的营运资本人才,不能适应新经济背景,没有设立科学合理的营运资本战略目标,也没有建立完善的风险控制机制,因而缺乏市场竞争力,暴露出很多企业营运资本方面的缺陷。

（1）营运资本信息化程度不高。

信息技术不断进步,财务管理信息化程度越来越强,"互联网+"已经逐步与各行各业深度整合,信息化技术渗透到企业经营的每一个环节。嗅觉灵敏、反应迅速的企业抓住机遇,搭上互联网的科技快车,迅速占领了市场,获得了长足的发展。也有一些企业过于保守,管理人员不重视运营信息化的更新与作用,仍然沿用过去的模式。主要表现在企业虽然已经更新与完善了企业员工的电脑配置,工作模式也基本上要求从原来的人工操作转向了计算机信息化系统操作,大大地节省了公文和财务核算工作时间,但是由于企业管理人员没有重视资本体系和信息资源的有效性,对于资产保值增值业务没有给予高度重视,不能完全充分运用营运资本,可能造成企业的生产目标不达标等,最终导致企业规模日益萎缩,因为缺乏市场竞争力而逐渐被排斥、淘汰。

（2）营运资本人才欠缺专业性。

在新经济背景下,企业之间的竞争主要表现为专业营运资本人才的竞争,营运资本团队建设要跟上科技时代发展的步伐,要培养营运资本人才,做到持续供给前方科研的需求。这个方面做好,不愁企业没有影响力。强烈建议企业吸收营运资本人才,为企业资本管理运作增添活力,为企业后续发展提供坚强后盾。基于此,综合素养较强的财务专业人才在具体运作中十分重要。对于现代财务信息化人才的基本要求是熟练掌握计算机技能,同时具备财务数据计算与大数据审核能力。目前,绝大多数企业特别是中小企业财务部门内的财务工作人员年龄比较大,财务工作时间比较长,具备丰富会计审核经验,能够充分了解财务管理的基本操作。但对互联网和财务信息技术在企业营运资本中的有关知识,特别是对于新信息化技术,如财务共享、财务云、移动互联网等不是非常了解,这在某种程度上会严重制约财务信息化和计算机技术的应用,影响企业创新和长足发展。

（3）营运资本目标欠缺战略性。

企业经营管理和生产流动必须高度契合国家战略,突出企业营运管理在企业战略中的作用。推动国有资本聚焦实体产业有利于推动企业流动资金在"以虚活实、以融促产"中的作用,既要以提高营运资本回报为目标,又要激励流动资产在投资引领、培育孵化上发挥应有的作用。必须树立营运资本的战略目标,并向着这个目标努力,如果缺少目标,那么整个企业如同一盘散沙,没有凝聚力与竞争力,最终难逃被淘汰的命运。

（4）风险控制机制不完善。

目前,我国还有一些企业没有系统研究现代企业管理理论,也没有特别针对营运资本理论进行探索。虽然很多企业已经逐步通过市场经济变化意识到原始的家族式管理方式已经无法适应现代经济管理要求和适应市场竞争,但至今没有采取相应的措施。企业有效应用营运资本是提升企业竞争能力的重要手段,同时也要更注重流动资金生产效益的提高。从营运资本风险管理角度上看,一些企业缺乏风险管理机制,不能通过风险管理提高财务管理工作,往往是哪里出现问题就加强对哪个方面的管理。同时,很多民营企业也只关注眼前利益,忽视财务决策和风险控制机制在企业未来发展中的重要性。因此要准确预测运营风险,建立风险防范机制,加强风险控制机制的有效性,确保企业在激烈的市场竞争中站稳脚跟。

（5）缺乏科学高效的资金运营体系。

科学高效的资源管理具有系统的量化原则和完备的评价标准,能够促进管理工作的进一步完成,针对细致的资金管理环节,如预算支出等进行全面考量,综合对比分析,快速总结出财务管理中体系的问题所在,从而改正不足,完善管理机制。但是,目前企业资金管理体系的不足仍然存在。部分企业的财务管理具备一定的专业性知识,但付诸行动后,取得的成果依旧不理想,不能细致地体现各项开销,不能统筹兼顾整体资金的利用情况,缺乏科学的分析汇总。

3. 企业营运资本的渠道创新

新经济背景下企业营运资本管理方式和管理手段在渠道创新上非常重要。从企业营运资本管理渠道现状来看,企业更注重生产和销售,不是特别注重资产管理。笔者认为应该从以下三个方面进行渠道创新,包括营运资本理念创新,完善人力资本激励制度,提高营运资本核心竞争力。

（1）营运资本理念创新。

全球化和市场化给企业经济发展和产业发展创造了机遇,同时也带来了不可确定的财务风险。风险与机遇可以说在任何时候都是并存的,企业如果不能在市场竞争中站稳脚跟,就无法保证生存与发展。因此,企业必须创新营运资本理念,突出财务风险管理和防范;重新定位营运资本管理方式,将营运资本管理与企业的长短期营运目标和计划挂钩;有效地结合营运资本理念与企业文化,建立良好的营运资本管理理念;形成以决策层管理为基础、管理层营运为主导,操作层执行为主体的自上而下、自下而上的营运资本管理文化,促进企业稳健、持续发展,重点关注企业营运资本管理的运动轨迹,使企业获得又好又快的发展。

（2）完善人力资本激励制度。

在企业发展初期,我国中小企业特别是民营企业往往是投资者决策制,完全依靠企业业主个人的管理经验进行运作。随着一段时间的经济发展和管理经营积累逐步转化为家族式管理,也往往是人治大于法治。各个部门的管理职责不清晰,经营管理制度不完善,很多企业部门管理混乱,很难形成独立的营运资本管理部门。即使有部分企业成立了独立营运资本管理部门,也缺乏具有财务管理专业知识的营运资本管理人才,任务与责任也不明确;各个部门或者岗位间缺乏专业人才管理,造成互相推卸责任,缺乏约束;营运资本职责没有独立性、权威性和有效性。所以,应建立人力资本激励制度,完善营运资本职能部门,设置专门的管理岗位,加强对营运资本的有效管理。除此之外,还应该制定出严格的激励制度和问责制度,提高营运资本利用效果,促使企业营运资本管理工作进一步向专门化、专职化、专业化方向发展。

（3）提高营运资本核心竞争力。

提高营运资本核心竞争力的首要任务是处理好营运资本与企业内部生产经营的相互关系。企业营运资本管理的基本目的就是要在生产经营过程中实现物资供应、产品生产、产品销售和收益分配的有效营运。当企业经营收益比较低的时候,企业无法继续进行资本运作和参与市场竞争;当企业经营收益比较高的时候,企业可以将资本运作进行到底,并且参与市场竞争。在生产经营过程中要时刻关注生产经营和营运资本的有效应用,坚持以提高企业的生产经营收益为关键目标,在满足提高企业营运资本核心竞争力的情况下完成资本运作,为营运资本高效营运提供一个良好的平台。企业的营运资本是通过流动资金的合理营运提供流动资产的有效使用,并不是简单意义上的流动资产、流动负债叠加。营运资本在企业之间的流动性及优势互补可以保证补充流动资产产业结构。随着市场化的进一步发展,越来越多的企业开始将企业竞争力作为核心资源,促进多元化的企业自身发展,提高自身的核心竞争实力。因此,在实现营运资本运作上需要突出企业间的多元化整合结构调整,提高企业投资项目和生产经营的经济规模。

（二）资金筹集

每一个企业只有在根据不同负债结构的报酬进行全面估量的基础上,结合企业对风险的态度和对各有关因素的得失进行综合权衡,才能合理地确定最优的资金筹集结构。

1.如何正确确定最优资金筹集组合

对流动资产中恒久性与波动性部分,如何合理安排其相应的资金来源,即对恒久性与波动性资金需要采取的资金筹集策略,一般有以下三种类型。

(1)配合型资金筹集策略。

配合型资金筹集策略是指企业负债的到期结构与企业资产的寿命期相对应。筹集策略可以满足企业永久性资金需要,资金需要量将随企业的成长而逐步增加。相应地,随着企业经济规模扩大,资金筹集的额度也随之增加。然而也必须看到,这仅仅是一种理想的资金筹集模式,较难于在现实经济生活中圆满的实现。

(2)稳健型资金筹集策略。

很多企业为了保证生产经营规模稳步增长而采用稳健型资金筹集策略,也就是公司用企业已经筹集的长期负债资金或权益资本用来应付长期资产的同时,也保证使用一部分预期流动性资金需要。这种资金筹集模式的特点是筹资成本高,一般来说,长期负债筹集的资金成本远远高于短期资金筹集的成本,而流动资产的使用效率相对经营收益比较高,以高成本资金应付高收益相对来说比较稳健。在企业季节性生产收益低谷时期,企业也必须为继续持有的长期负债支付高额的经营资金利息,扩大债务资本负担,从而降低归属于股东的预期收益。

(3)激进型资金筹集策略。

也有很多企业为了保证生产经营规模快速增长而采用激进型资金筹集策略,它与稳健型资金筹集策略相反的是用短期负债来融通和弥补部分长久性流动资产的资金需要。一般来说,短期负债筹集的资金成本比较低,但需要在短期内偿还,筹资风险比较大。长久性流动资产流动性比较差,所以经营收益比较低,以低成本资金应付高收益、高风险资金需求相对来说比较危险激进。这一资金筹集策略迫使长久性资产变现才能支付短期负债资金,如果长久性资产变现能力差,支付风险大,可能不能保证企业经常地偿还到期债务;企业如果无法及时筹集到所需资金就很可能增大企业财务风险。随着企业资金筹集计划要求,不断调整短期资金需求,需要筹集的短期负债利率可能性变动增大,同时无形中增加了经营活动的盈利变动风险。另外,短期负债低成本、高支付风险的特点所带来的较高的税后利润将被这些高风险抵销。

2.运用边际分析法制定资金筹集组合战略

以最低的资金筹集成本实现理想的资金筹集组合收益是营运资本管理的基本目的。在筹资过程中,企业一般会选择最佳的资金筹集渠道和方式筹集需要的营运资金,制定资本结构优化方案,筹划和决策资本筹集的整个过程。

传统的方法是比较不同筹集资金方案的综合资本成本率,以综合资本成本率最低的融资组合,资本结构最合理的融资方案作为最佳选择。而综合资本成本率只是反映资金筹集成本的一种静态的相对数指标,无法找出资金筹集的最佳点和规模。而运用边际分析法则能较好地解决这一问题。

资金筹集组合正确的决策是运用边际均衡原理,以边际分析法来分析资金筹集组合的最佳适合度以及资金筹集组合要素在此基础上确定的最佳配合比例。边际分析法又称投入产出法,是通过对经济活动的资本投入来分析经济利益产出比率,确定经济效益的方法。每一个资本投入与每一个经济收益的比例关系,以投入追加资金的变动要素与经营收益之间的函数关系为出发点,分析经营活动投入与产出的辩证关系,找出投入的每单位资本与经营收益的变化规律。在边际分析中,经营收入就是投入找不到的增量生产要素,也叫边际收入,因边际投入所形成的相关成本称为边际成本。边际收入与边际成本之间的差额就是边际利润,其价值量表现为边际收益。一般认为,当边际成本等于边际收益时,纯收益最大。

(1)资金筹集最佳适合度的确定。

根据资金筹集固有的特性和边际收益递减法则,在自有资金一定的情况下,借入资金与权益资本结构的变化(即追加投入的借入资金)必然引起边际成本和边际收益的变化。且随着投入资本的追加,边际收益增加额度就变小;越来越大的投入与资金收益越来越小,边际收益由递增转入递减原理就是这样形成的。当追加投入的借入资金增加的收益价值等于投入资金的投入成本时,纯收益最大;在资金投入达到了一定的水平后,边际收益虽有所增加,但增加的幅度不足以抵偿边际成本,就会出现规模不经济现象。

（2）资金筹集结构最佳组合比例的确定。

确定资金筹集组合方案,实质上就是要找到企业资本的构成比例,就是权益资本与负债资本的相关比例关系,以及权益资本内部各项目之间的最佳结构。在同一资金筹集组合总方案中,以权益资本为例,优先股与普通股的组合也有很多方案。由于优先股与普通股的资本成本计算方法不一样,计算结果是不同的。因此要分析相同功能、不同资本成本计算的若干要素组合,找出资本组合中资金筹集费用和资本成本都最低的要素组合。

二、所有者权益

(一)所有者权益的特征

与负债相比,所有者权益具有以下基本特征。

所有者权益随出资人的投资行为而产生。它表明企业的产权关系,即归谁所有。不论出资人是国家、其他企业或个人,所有者权益的性质都是相同的。

所有者权益无须偿还,除非发生减资或清算。所有者权益可作为长期性资金在企业资金周转时使用。

所有者权益滞后于债权人权益。负债有规定的偿还期,到期时必须由企业无条件偿还。所有者权益在法律上排在债权人的要求权之后,出资者所拥有的只能是资产总额减去负债总额后的剩余权益,即净资产。

(二)所有者权益的分类

对于不同组织形式的企业,其所有者权益的构成不同。本书仅以公司制企业为例进行说明。对于公司制企业来说,所有者权益的内容主要分为两部分:一是企业收到的投入资本,包括实收资本(股份公司称为"股本")与资本公积;二是企业运用资本从事生产经营活动产生的盈余,会计上称为留存收益,包括盈余公积与未分配利润。

第二节 收入成本与利润分配

一、收入成本

(一)企业成本的内涵

一般来讲,企业成本指的是某个企业为了筹集或者使用资金所必须付出的代价,也可以指企业为了获得投资收益而付出的机会成本。企业成本有广义和狭义之分。广义的企业成本指的是企业为了筹集和使用全部资金而必须付出的代价;狭义的企业成本指的是企业为了筹集和使用长期资金的成本,有时候也会把长期资金的成本称为资本成本。由企业成本的概念我们可以知道,企业成本是由资金筹集费、资金使用费两部分构成的。资金筹集费是指企业在进行筹集资金的过程中所产生的各项费用的开支,且与企业筹集资金的数量、筹集资金的次数等直接相关。

(二)企业成本的分类

企业成本按照不同的分类标准可以分为不同的种类。在实际工作中,按照具体项目和内容的不同,企业成本可以划分为个别企业成本、边际企业成本和综合企业成本。

1. 个别企业成本

个别企业成本是企业在筹资过程中,使用单种筹资的方式进行的。这种个别企业成本一般可以用来比较和评价各种筹资方式的优点与不足,从而帮助企业的管理者或经营者做出最有利于企业发展的决策。

2. 边际企业成本

边际企业成本指的是企业每增加一个单位的资金量而必须多付出

的那部分成本。企业的财务工作者在对边际企业成本进行计算的时候，一般采用的计算方法为加权平均法。通过加权平均法，可以计算出企业追加筹集资金的数量时，所必须付出的那部分加权平均成本。在计算边际企业成本的时候，筹资突破点也是不能忽视的一个重要的计算指标。

3. 综合企业成本

综合企业成本率就是对所筹集到的各种资金分别计算其企业成本率，再通过这些企业成本率所占的比重加权来确定企业的综合企业成本率。对于企业来说，最大限度地降低其综合企业成本率，就是最大可能地降低其筹资的企业成本。而要降低企业的综合企业成本率，一方面可以通过提高企业成本较低的资金在企业筹集到的全部资金中的比例；另一方面也可以通过降低各种资金的企业成本率来实现。

二、利润分配

（一）企业利润

1. 企业利润实现核算的账户设置

企业实现的利润总额，是计算缴纳所得税、进行利润分配的主要依据。因此，企业必须完整、真实、准确地反映利润总额的形成情况。

2. 企业利润实现核算的账务处理

企业本期实现的利润（亏损）总额的计算，既可采用账结方法，也可采用表结方法。

采用账结法核算的账务处理。所谓账结法，是于每月终了，将损益类账户余额全部转入"本年利润"账户，通过"本年利润"账户结出本月份利润或亏损总额以及本年累计损益的一种方法。在这种方法下，每月都要使用"本年利润"账户。月末结转各项收入时，应借记"产品销售收入""其他业务收入""营业外收入""投资收益"（指投资净收益）、"以前年度损益调整"（指调增的利润）、"补贴收入"等账户，贷记"本年利润"账户；结转各项支出时，应借记"本年利润"账户，贷记"产品销售成本""其他业务支出""产品销售费用""产品销售税金及附加""营

业外支出"投资收益"（指投资净损失）、"管理费用""财务费用""以前年度损益调整"（指调减的利润）等账户。结转后,即可通过"本年利润"账户结出企业当月利润或亏损总额以及本年累计利润。

［例5-1］吉澳公司某年12月份,损益类账户的余额经汇总整理如表5-1所示。

表5-1　吉澳公司损益类账户余额表

账户	借方余额	贷方余额
产品销售收入		130 200
其他业务收入		9 600
营业外收入		10 900
投资收益		0
以前年度损益调整		4 500
产品销售税金及附加	9 900	
产品销售成本	77 708.40	
产品销售费用	7 000	
其他业务支出	6 200	
管理费用	14 000	
财务费用	3 500	
营业外支出	7 950	

（1）期末结转营业收入、营业外收入和以前年度损益调整时。

借：产品销售收入 　　　　　　　　　　　　　　　　130 200

　　其他业务收入 　　　　　　　　　　　　　　　　　9 600

　　营业外收入 　　　　　　　　　　　　　　　　　10 900

　　以前年度损益调整 　　　　　　　　　　　　　　　4 500

　　贷：本年利润 　　　　　　　　　　　　　　　　155 200

（2）期末结转营业成本、营业费用、营业税金、营业外支出、管理费用、财务费用时。

　　借：本年利润 　　　　　　　　　　　　　　　　126 258.40

　　　贷：产品销售税金及附加 　　　　　　　　　　　9 900

　　　　产品销售成本 　　　　　　　　　　　　　77 708.40

　　　　产品销售费用 　　　　　　　　　　　　　　7 000

其他业务支出	6 200
管理费用	14 000
财务费用	3 500
营业外支出	7 950

该企业某年 12 月份实现利润总额为 28 941.60 元,上述利润实现核算的过程如图 5-1 所示(另设该企业 11 月末"本年利润"账户贷方余额为 611 058.40 元)。

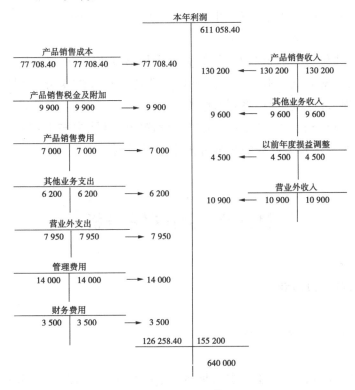

图 5-1　利润实现核算过程图

注:吉澳公司 1 ~ 12 月份累计实现的利润总额为 640 000 元。

(二)利润分配

为了核算企业年度内利润的分配(或亏损的弥补)和历年分配(或弥补)后结存余额,应设置"利润分配"账户。该账户属损益类账户,其借方登记利润的各种分配数或年末从"本年利润"账户转入的待弥补亏损数;贷方登记年末从"本年利润"账户转入的净利润或已经弥补亏损数。年末若有贷方余额,表示历年积存的未分配利润;若为借方余额,表示历年积存的未弥补亏损。"利润分配"账户应根据利润分配的内容以及年终利润结算的需要,设置下列明细账户。

"应交特种基金"明细账户。核算企业按规定应上缴财政的能源交通重点建设基金和预算调节基金。

"提取盈余公积"明细账户。核算企业按规定提取的盈余公积。有的企业按规定提取公益金,可以在本账户核算,也可以另设"提取公益金"明细账户核算。

"应付利润"明细账户。核算企业应付给投资者的利润。

"未分配利润"明细账户。核算企业历年积存的未分配利润(或未弥补亏损),以及进行年终利润结算。

股份制企业"利润分配"账户下设置的明细账户与上述基本相同,不同之处将在有关业务的账务处理中予以说明。

第三节　会计报表分析

一、资产负债表

(一)资产负债表的概念

资产负债表是企业一定时期资产、负债和所有者权益的分布状况,是反映企业一定时期财务状况的财务报表。一般来说,企业资产是负债与企业所有者权益的总和。企业资产负债表按照一定的分类标准和顺序,将企业一定时期的资产、负债和所有者权益项目进行适当排列,最后按照一定的要求编制而成。资产负债表属于静态报表。

资产负债表立足于企业产权角度,将表内各项目按流动性排列,反映了企业特定时日的财务状况。

（二）资产负债表的结构

资产负债表由表首和表体两部分组成,如表 5-2 所示。

表 5-2 资产负债表

编制单位 　　　　　　　年 月 日 　　　　　　单位:元

资产		
流动资产	××××	
非流动资产	××××	
资产合计		××××
负债		
流动负债	××××	
非流动负债	××××	
负债合计		××××
所有者权益		
实收资本	××××	
资本公积	××××	
盈余公积	××××	
未分配利润	××××	
所有者权益合计		××××

表 5-2 中,表首部分是报表的标志,包括报表的名称、编制单位、编制日期、货币名称和计量单位。

资产负债表是静态报表,编制日期应填列报告期末最后一天的日期。

表体部分是资产负债表的主要部分,是报表的主体,企业可以按"期初数""期末数"列示金额分类,分为资产类、负债类和所有者权益类。各项目按流动性的高低顺序排列。

（三）资产负债表的作用和局限

财务报表起始于资产负债表。资产负债表是财务报表的重心,资产负债表为报表使用者了解、分析和评价企业财务状况,据此做出经济决策提供了重要的会计信息,资产负债表的重要作用主要表现在以下几个方面。

(1)通过报表揭示的资产项目,了解企业所掌握的经济资源及其分布情况。资产负债表的资产方分类详细和全面地反映了企业所拥有或控制的全部经济资源。经济资源是企业未来经济利益获得的基础和保障,据此,信息使用者可以通过资产负债表,了解企业的规模大小,分析企业经济资源的具体构成,因为不同性质的经济资源创造未来经济利益的能力是不一样的,在分析的基础上判断其经济资源结构是否合理。

(2)通过报表揭示的负债项目,了解企业的偿债能力。资产负债表将企业承担的各种债务,按偿还期限的长短和具体内容,分类、分项目详细地予以列报,报表使用者可以将债务的种类、金额与企业的各类资产相对应,计算出偿债能力指标,并在此基础上,分析、评价和预测企业的财务风险,为经济决策提供依据。

(3)报表为评价企业的经营业绩提供了数据来源。企业的经营业绩通常采用总资产报酬率、净资产收益率等盈利能力指标来衡量,而这些指标计算的数据来源,则分别是利润表和资产负债表。

尽管资产负债表在上述诸方面发挥着重要作用,但是受报表编制基础、计量属性和职业判断等诸多因素的制约和影响,资产负债表所揭示的会计信息存在着一定的局限性,主要表现在以下几个方面。

(1)资产负债表报告的信息是以历史成本为计量基础的,不能反映物价变动以及经济环境变化后的财务状况,这样资产负债表提供的历史成本信息对报告使用者而言,其决策相关性就会削弱。

(2)资产负债表仅提供了以货币表现的数量性信息。由于会计主要以货币为量度,所以报表揭示的只是经济事项价值量方面的信息,而不能用货币量化的管理能力和质量方面的诸多信息,如企业的管理水平、生产技术的先进性、人力资源状况、固定资产的先进程度、会计方法和政策选择的合理性、企业所承担的社会责任等决策所需要的重要信息则没有反映在会计报表中,而这些信息对报表使用者的经济决策是至关重要的。

(3)资产负债表揭示的有关信息数据需要人为估计和测算,如资产减值损失、固定资产折旧、无形资产摊销、或有负债、预提费用等,这些数据的判断难免带有主观性,从而在一定程度上影响报表数据的可靠性。

二、利润表

利润表是反映企业在特定期间经营成果的财务报表,也是报表使用者特别是投资人最为关注的报表之一。从受托经营观的角度看,利润表比资产负债表更为直接地反映了受托责任的履行情况,具体通过营业收入、营业成本、期间费用、营业利润、净利润等报表项目详细披露企业盈亏信息。

(一)利润表的概念

企业利润是指企业在一定会计期间,收入减去费用后的净额及直接计入当期损益的利得和损失等。

市场经济条件下,企业最大的追求就是企业价值最大化或股东权益最大化。而实现企业价值最大化和股东权益最大化的基础是企业的利润。因此,企业的各项工作都可以围绕利润组成和项目进行。

利润表是反映企业在一定会计期间经营成果和经营净收益的会计报表。它是按照各项收入、费用及构成利润的各个项目分类、分项编制而成,是一张动态报表。利润表将一定会计期间的各项收入与同一会计期间相关的各项成本费用进行配比,达到计算企业一定时期利润总额及税后净利润的目的。利润表是主要会计报表,是企业进行利润分配的主要依据。

(二)利润表的结构

由于不同国家和地区对会计报表的信息要求不完全相同,利润表的结构也不完全相同。目前比较普遍的利润表是单步式利润表和多步式利润表。

1. 单步式利润表

单步式利润表是将当期全部收入(包括投资收益和营业外收入)按顺序排列汇总,然后将所有费用(包括投资损失和营业外支出)按顺序排列汇总,两者相减得出本期利润。

单步式利润表的格式和内容如表5-3所示。

表 5-3　单步式利润表

编制单位：　　　　　　　年　月　　　　　　　　单位：元

序号	项目	行次	本期金额	上期金额
一	收入			
	营业收入			
	投资收益			
	公允价值变动收益			
	收入合计			
二	成本费用			
	营业成本			
	营业税金及附加			
	销售费用			
	管理费用			
	财务费用			
	资产减值损失			
	营业外支出			
	所得税费用			
	成本费用合计			
三	净利润			

在单步式利润表中，收入和费用归类清楚、直观、简单，编制方便。但其收入和费用的性质未做区分，硬性归为一类，不能揭示利润表各要素之间的内在联系，不能提供一些重要的中间信息，如营业利润、利润总额等，不便于报表使用者对其盈利进行分析与预测，也不利于同行业之间的比较评价。

2. 多步式利润表

多步式利润表是将利润表的内容做多项分类，将企业的收益和费用项目按性质适当分类，并以不同的方式将收益与费用项目结合起来，以提供各种各样的中间信息，即相关收入与相关费用进行配比，分别计算出不同业务的结果。然后上下进行加减计算确定本期的利润总额和净利润。由于净利润的计算需要经过几个抵减步骤，故称为多步式利润表。我国企业利润表一般采用多步式利润表。

多步式利润表将企业经营过程中发生的收入与费用,按照一定的标准,经过分类整理和浓缩,按利润形成的主次排列,列示了中间的计算过程,提供了十分丰富的中间信息,便于报表使用者对企业经营业绩进行分析比较,预测企业的经营发展趋势。但其报表编制较为烦琐,且容易使人产生收入与费用的配比有先后顺序的误解。

（三）利润表的作用和局限

利润表为报表使用者了解企业的经营成果、分析获利能力和预测未来盈利趋势提供了重要的会计信息,利润表的重要作用主要表现在以下几个方面。

1. 考核和评价企业管理当局的经营绩效

在所有权和经营权分离的现代社会中,利润表是资源提供者作为考核和评价受托经营者履行受托经营责任以及经营业绩好坏的重要依据。通过利润表中各构成项目的比较分析,可以了解各项收入、成本和费用之间的对比结果,分析各项业务对企业最终损益的贡献程度,考核企业经营目标的完成情况,分析影响目标实现的主客观原因,评价企业管理者的功过得失,为聘用、奖惩、职位升降提供决策依据。

2. 了解企业的获利能力,预测未来的盈利趋势

获利能力是信息使用者最为关注的会计信息。获利能力是指企业运用一定的经济资源取得利润的能力。因此,通常用相对值指标来反映,例如总资产报酬率、净资产收益率、每股收益等。计算这些指标的数据来源之一就是利润表,同时还要借助其他财务报表和报表附注,计算比较不同时期获利能力的变动情况,分析影响因素,预测企业在未来一定时期的盈利变动趋势和获利能力。

3. 评估和预测企业的偿债能力

企业偿债能力除取决于资产的变现能力和资本结构外,更为本质的是取决于企业的获利能力。如果企业获利能力下降,其资产的变现能力就会由强变弱,资本结构也会逐渐由优变劣,因此利润表提供的获利能

力信息是评估企业偿债能力的重要补充。

4.作为向投资人分配利润的依据

投资人对企业进行投资的目的是获取投资收益。在所有权与经营权分离的现代社会,利润表揭示了企业管理者受托经营获得的经营成果,是投资人了解投资回报情况的信息窗口;同时也是企业向投资人分配利润的依据。

尽管利润表在上述诸方面发挥着重要作用,但是受报表编制基础、会计方法选择和会计政策变更等因素的制约和影响,利润表揭示的会计信息也存在着一定的局限性,主要有以下两个方面。

第一,利润表是以权责发生制为基础,报告了企业在一定会计期间实现的收入、发生的费用和取得的经营成果。但不能提供经营活动引起的现金流出的相关信息,如在本期实现的收入中有多少是收现收入,有多少是未收现收入;在本期发生的费用中有多少是付现费用,有多少是未付现费用。如果企业的未收现收入占有较大的比重,就意味着其经营成果的质量不高,因为存在着不能如数收回销售货款的风险。由此可见,利润表提供的相关数据存在信息缺口。

第二,利润表中有关项目数据的填列,依据不同的会计方法,选择不同的会计政策进行会计处理,会产生较大的差异。会计方法和会计政策的选择权通常来自企业管理层。一般情况下,企业管理层为了企业的信誉、管理业绩的考核、资金筹措的需要,总是选择最有利于实现上述目的的方法和政策来编制利润表。世界各国的会计准则都允许企业在具体会计处理上有选择的余地,因而使管理当局有可能在不违反会计准则的前提下,使利润表信息尽可能符合管理层的意图,从而使会计信息明显带有利益倾向,使信息的可靠性降低。

三、现金流量表

(一)现金流量表的作用

1.有助于全面客观地了解和评价企业的财务状况

在竞争激烈的市场经济条件下,企业的现金流转状况很大程度上影响着企业的生存和发展。企业必须有足够的现金清偿到期的债务、支付费用、购买原材料,才能使经营活动得以正常运行,而现金的基本来源是企业的营业收入,企业不仅要想方设法扩大销售规模,更重要的是要及时、足额地收回销售货款,满足经营活动的现金需求,并为扩大经营规模提供现金支持。除经营活动外,企业的投资活动和筹资活动也对现金流量产生影响。因此财务报表使用者通过现金流量表所提供的现金流量数据和结构变化等信息,可以判断企业经营周转是否顺畅,现金来源是否稳定和持续,多视角地了解和评价企业的财务状况。

2. 有助于预测企业未来的现金流量

企业的现金流量是报表使用者关注的焦点之一,因为现金流量是企业分派红利、按期偿还债务和维持企业正常经营运转的物质基础。现金流量表揭示了企业过去的现金流入与流出的项目构成和金额数据。报表使用者通过分析各项活动与现金流量的关系,参考未来期间的相关因素,如业务规模、收账政策、客户信用、工资标准、费用定额、价格因素、税率水平等,从而预测企业未来的现金流入量和流出量以及现金净流量,为投资决策和信贷决策提供重要的参考信息。

(二)现金流量表的内容

现金流量表将企业的各种财务活动按其性质划分为经营活动、投资活动和筹资活动,并在此基础上分别反映其现金流量相关信息。现金流量表包括的主要内容有以下两部分。

1. 经营活动产生的现金流量

经营活动是指企业投资活动和筹资活动以外的所有交易和事项,包括销售商品或提供劳务、购买商品或接受劳务、支付职工薪酬、支付税费等。通过经营活动产生的现金流量,可以掌握企业的经营活动对现金流入和流出的影响程度,判断企业在不动用外筹资金的情况下,是否能维持生产经营活动的正常现金需求。

2. 投资活动产生的现金流量

投资活动是指企业长期资产的购建和不包括在现金等价物范围内

的投资及其处置活动。具体包括取得和收回投资、购建和处置固定资产、购买和处置无形资产等。通过投资活动产生的现金流量,可以判断投资活动对企业现金流量净额的影响程度。

第四节　财产清查的意义、作用及会计处理

一、财产清查的意义

财产清查就是通过对各项财产物资、货币资金及债权债务进行盘点和核对,以查明各项财产物资、货币资金及债权债务的实存数,并与账面数进行核对,从而检查账实是否相符的一种专门的会计核算方法。

财产清查是一种重要的会计核算方法和内部控制制度,不仅有利于保护财产物资的安全完整,加强资源的管理,提高财产物资的利用效率,同时有利于账实相符的真正实现,对于保证会计信息的真实性和可靠性具有非常重要的意义。

各企业依据有关会计凭证登记各种账簿,并通过账证核对、账账核对等方法以保证账簿记录的准确性。但是仅根据账簿记录的正确还不能保证会计信息的真实可靠,很多主观原因和客观原因均会导致各项财产的账面数额与实际结存数额产生差异,造成账实不符。

财产清查不仅是会计核算的专门方法,也是内部控制制度中针对财产物资管理的一项重要控制制度,通过财产清查可以发现账面结存数和实际结存数是否存在差异,进而采用相应的会计方法进行调整,以保证账实相符,从一定程度上保证会计信息的真实性和可靠性。

由于以上所述几个主客观方面的原因,往往会造成一段时间内会计主体的账实不符,因此,及时、有效地开展财产清查工作,具有非常重要的现实意义。例如,可以加强财产物资保管人员的责任感,保证财经纪律和结算纪律的执行;可以及时发现贪污盗窃、挪用公款等犯罪行为;可以查明各项资金的使用是否合理,促使经办人员自觉遵守结算纪律和国家财政、信贷的有关规定,加强保管人员的岗位责任感。

二、财产清查的作用

所谓财产清查,就是通过对会计核算单位的货币资金、存货、固定资产、债权、债务、有价证券等的盘点或核对,查明其实际结存数与账面结存数是否相符,并查明账实不符的原因的一种会计核算方法。

企业、事业等单位的各项财产物资的增减变动和结存情况,都是通过账簿记录如实的反映。从理论上说,账簿上的结存数与实际结存数应当一致。但在实际工作中,由于人为和自然的因素,其账面结存数和实际结存数往往不一致。为了查明这些自然的或人为的账实不符的现象,确保会计账簿记录的真实、正确,就需要企业在编制会计报表之前,对企业的各项财产物资进行清查,以做到账实相符。

企业在财产清查过程中,如发现账面结存数和实际结存数不相符合,除查明账实不符的原因以外,还应进一步采取措施,改进和加强财产管理。一般说来,财产清查具有以下几方面作用。

(一)确保账实相符,使会计资料真实可靠

财产清查可以确定各项财产物资的实际结存数,将账面结存数和实际结存数进行核对,可以揭示各项财产物资的溢缺情况,从而及时调整账面结存数,保证记录真实、可靠。

(二)改进保管工作,保护财产安全

通过财产清查,可以发现各项财产物资是否安全完整,有无短缺、毁损、霉变、变质,有无贪污盗窃等情况。对发现的情况应找出原因,及时进行处理,并制定各项措施,防止类似情况重复发生。对于管理制度不善所造成的问题,应及时修订和完善管理制度,改进管理工作;对于贪污盗窃等不法行为,应给予法律制裁。这样可以在制度、管理上切实保证各项财产物资的安全和完整。

三、财产清查的会计处理

财产清查结果应按如下步骤进行会计处理。

（一）核实清查结果，查明原因

财产清查的结果通常填列在"库存现金盘点报告表""实存账存对比表"等有关表中。在进行有关的处理之前，应对这些原始凭证中所记录的货币资金、财产物资的盈亏数字进行全面核实，并对各项差异产生的原因进行分析，以便明确经济责任。针对不同原因所造成的盈亏结果提出合理的处理意见，并呈报有关领导和部门批准。对于债权债务在核对过程中出现争议的账目应尽快查明原因，对于长期欠账应由专人重点催收，以减少坏账的发生。对于发现超库存积压物资，则应加强实物财产的日常管理。

（二）调整账簿记录，实现账实相符

在核实结果、查明原因的基础上，就可以根据"库存现金盘点报告表""实存账存对比表"等原始凭证编制记账凭证，并据以登记入账，调整各项财产物资、货币资金、债权债务的账面结存数，使之与实际结存数相符。调整账簿的原则是以"实存"为准，当盘盈时调增账面记录；当盘亏时，调减账面记录。然后将所编制的"库存现金盘点报告表""实存账存对比表"及针对清查结果编写的报告按管理权限与规定的程序一并报送有关领导和部门批准。

（三）报请批准，并对批准结果进行相应的账务处理

所呈报的"库存现金盘点报告表""实存账存对比表"及清查报告获得有关领导和部门审批后，企业应按照批复意见编制有关记账凭证，进行批准后的账务处理，登记有关账簿。对因不同原因造成的财产损失，应做出相应的会计处理，其中对因个人原因造成的损失应追究个人的责任。

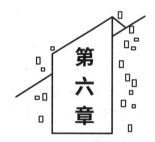

大数据驱动下会计信息供应链各环节业务的处理

供应链又称"物流网络",包括供应商、制造中心、工厂、仓库配送中心和零售点以及在各机构之间流动的原材料、在制品库存和产成品。最初,人们会通过各种方式取得原材料,经历种种制作工艺形成最终产品,并将其交付给用户,这整个过程即生产销售的过程,而在这个过程中,是由若干供需环节作为有序链接的,因此人们又把它称为供需链。简单而言,供应链管理指的就是一套系统全面的管理方法,在生产、销售等一系列过程中采用这套方法,既能够满足用户对服务水平的要求,又能将成本节约至最低,同时能将供应商、制造商仓库和商店联合成一体,以发挥其最大的效用,到了最后一个环节,亦能保证正确数量的商品在正确的时间配送到正确的地点。面对变幻莫测的市场环境,为了加强企业应对环境变化的能力,就要充分利用供应链管理,使其发挥最大的商业价值。

第一节　采购业务处理

企业在日常的采购活动中,由于采购方式的不同以及采购物品所有权等问题,使得企业采购流程呈现多样化,从而产生了不同的采购业务类型及业务应用模式。采购管理系统通过普通采购、直运采购、受托代销采购等采购流程对不同的采购业务进行有效的控制和管理,这些都帮助企业形成独特的竞争力,用更小的成本去获取更大的价值。

采购管理系统有很多功能,具体介绍如下。

首先,采购管理系统具备设置功能。相关操作人员可运用采购管理系统录入期初单据,同时进行期初记账,并设置采购管理系统的系统选项。

其次,采购管理系统具备供应商管理功能。相关操作人员可运用采购管理系统对供应商资质、供应商供货的准入进行管理,并根据相关资料去设置供应商存货对照表、供应商存货价格表,或者进行具体的业务查询与分析。

再次,采购管理系统具备业务功能。相关操作人员可运用采购管理系统进行采购业务的日常操作,具体业务包括采购订货、采购到货、采购入库等,操作人员先要理清手头的业务,根据不同的需求选用业务单据,并定义之后的业务流程,到了月末,可进行结账操作。另外,操作人员还可使用"远程应用"功能。

最后,采购管理系统还具备报表功能。采购管理系统可为相关工作人员提供采购统计表、采购账簿、采购分析表等统计分析的报表。

采购业务包括采购入库业务、采购退货业务和委托供销业务等,本节主要以采购入库业务为例进行讲解。采购入库业务是指企业通过购买的方式取得所需存货并且存货已验收入库的经济活动。下面仅以单货同行这种最常见的采购入库业务为例,讲解采购入库业务的处理过程。

一、填制并审核采购订单

当企业与供货单位签订采购意向协议时,可以将采购协议以订单的形式输入系统中,由采购主管审核,采购订单只有经过审核,才能在填制采购入库单或采购发票时参照使用。

（一）情境资料

2019 年 1 月 1 日,业务员刘晨(化名)向国美电器有限公司询问单片机价格(200 元 / 个),评估后,确认该价格合理,随即向上级主管提出请购 175 个,到货日期为 2019 年 1 月 12 日之前。业务员刘晨填写请购单,当日主管同意订购单片机。

（二）操作示范

（1）以购销存核算会计的身份进入用友 T3 主窗口,选择"采购",找到"采购订单"命令,下一步为打开"采购订单"窗口。

（2）找到"增加"按钮,进行单击,同时输入日期"2019-01-01",选择"供货单位"为"国美","部门"为"采购部","业务员"为"刘晨","到期日"为"2019-01-12","存货编号"为"101","存货名称"为"单片机",输入数量"175"、原币单价"200",单击"保存"按钮。

（3）单击"退出"按钮,退出"采购订单"窗口。

（4）经领导同意后,以账套主管的身份再次进入"采购订单"窗口。

（5）查找该订单,单击"审核"按钮。

二、填制并审核采购入库单、生成入库凭证

采购入库单是根据采购到货签收的实收数量十进制的入库单据。采购入库单既可以直接填制,也可以复制采购订单或采购发票生成。采购入库单的审核表示确认存货已入库。只有审核后的采购入库单才能进行单据记账,经过审核的采购入库单应及时登记存货明细账,并生成入库凭证反映到总账。

（一）情境资料

2019年1月12日，收到单片机175个，验收入库，填制采购入库单，并生成入库凭证记账。

（二）操作示范

（1）在业务发生当天日期（2019-01-12）以购销存核算会计的身份进入软件主窗口，选择"采购"，找到"采购入库单"命令，下一步为打开"采购入库"窗口。

（2）单击"增加"按钮，输入入库日期"2019-01-12"，选择"仓库"为"材料库"，"部门"为"采购部"，"业务员"为"刘晨"。

（3）选择"选单"下拉列表框中的"采购订单"选项，打开"单据拷贝"对话框，填写查询条件日期"2019-01-01—2019-01-12"、供货单位"国美"，单击"过滤"按钮，打开"订单列表"对话框，选择相应的采购订单。

（4）单击"确认"按钮，返回"采购入库"窗口，单击"保存"按钮。

（5）选择"库存"→"采购入库单审核"命令，选择相应的采购订单，单击"审核"按钮。

（6）找到"核算"按钮，单击这一按钮，下一步为打开"正常单据记账条件"对话框，为了完成这步操作，可进行"正常单据记账"命令。

（7）选择"确定"，单击这一按钮，随即打开"正常单据记账"窗口。操作员可根据需要单击"记账"按钮。

（8）找到"核算"按钮，执行"核算"→"凭证"命令，完成后，随即执行"凭证"→"购销单据制单"命令，等"生成凭证"窗口顺利打开后，找到"选择"按钮，单击这一按钮，顺利打开"查询条件"对话框，在这一对话框内找到"采购入库单（暂估记账）"复选框，选中它。

（9）找到"确认"按钮，进行单击操作，这一步是为了打开"选择单据—未生成凭证一览表"窗口，在这一窗口内选择要制单的记录行。

（10）找到"确定"按钮，进行单击操作，这一步是为了打开"生成凭证"窗口，在这一窗口内选择"凭证类别"为"转账凭证"，进一步确认存货科目编码和对方科目编码分别为"140301""1401"，确认无误后在对应栏里逐一输入这些信息。

（11）单击"生成"按钮，打开"填制凭证"窗口，因为前面的制单日期已到"2019-01-31",按制单时序要求,输入制单日期"2019-01-31",单击"保存"按钮,凭证左上角出现"已生成"标志,表示凭证已传递到总账管理系统。

三、填制并审核采购发票、采购结算

采购发票是供货单位开出的销售货物的凭证,系统根据采购发票确认采购成本、登记应付账款。

采购结算也叫采购报账,是指根据采购发票确认其采购成本。采购结算有自动结算和手工结算两种方式。自动结算是由系统自动对相同供货单位的、相同数量存货的采购入库单和采购发票进行结算。

（一）情境资料

2019 年 1 月 12 日,收到购单片机 175 个的专用发票一张,发票号为 FP0206。业务部门将发票交给财务部门,财务部门确定此业务所涉及的应付账款及采购成本,材料会计记录材料明细账。

（二）操作示范

（1）在业务发生当天日期（2019-01-12）以购销存核算会计的身份进入用友 T3 主窗口,选择"采购"→"采购发票"命令,打开"采购发票"窗口。

（2）单击"增加"按钮,在下拉列表中,选择"普通发票"选项,单击"选单"下拉列表,选择"采购入库单"选项,打开"单据拷贝"对话框。输入过滤日期"2019-01-01—2019-01-12",单击"过滤"按钮,打开"入库单列表"对话框,选择相关单据。

（3）单击"确认"按钮,输入发票号"FP0206",单击"保存"按钮。

（4）以账套主管的身份进入用友 T3 主窗口,对刚填制的采购发票进行审核,单击"复核"按钮。

（5）单击"是"按钮,采购发票已审核。

（6）以购销存核算会计的身份进入用友 T3 主窗口,单击"结算"按钮,系统弹出"自动结算"对话框。

（7）单击"确认"按钮，系统弹出结算成功提示。

（8）单击"确定"按钮，完成填制并审核采购发票、采购结算工作。

四、采购发票制单

对采购结算后生成的应付款项应及时制单。

（一）情境资料

2019年1月12日，根据收到的发票制单。

（二）操作示范

（1）在业务发生当天日期（2019-01-12）以购销存核算会计的身份进入用友T3主窗口，选择"核算"→"凭证"→"供应商往来制单"命令，打开"供应商制单查询"对话框，选中"发票制单"复选框。

（2）单击"确认"按钮，打开"供应商往来制单"窗口，选择需要制单的单据，在"凭证类别"下拉列表中选择"转账凭证"选项。

（3）单击"制单"按钮，打开"填制凭证"窗口，因为前面的制单日期已到"2019-01-31"，按制单时序要求，输入制单日期"2019-01-31"，单击"保存"按钮，凭证左上角出现"已生成"标志，表示凭证已传递到总账管理系统。

五、付款结算制单

输入付款单后可以进行付款核销及付款结算制单。

（一）情境资料

2019年1月12日，财务部开具转账支票一张，付清采购单片机货款，支票号为ZZ0212，银行账号为22006688。

（二）操作示范

（1）在业务发生当天日期（2019-01-12）以购销存核算会计的身份进入用友 T3 主窗口，选择"采购"→"供应商往来"→"付款结算"命令，打开"付款单"窗口。

（2）选择"供应商"为"国美"，单击"增加"按钮，输入结算方式"202转账支票"、金额"35 000"、票据号"ZZ0212"、银行账号"22006688"，单击"保存"按钮，单击"核销"按钮，系统调出要核算的单据，在相应单据的"本次结算"栏中输入结算金额"35 000"，单击"保存"按钮。

（3）选择"核算"→"凭证"→"供应商往来制单"命令，打开"供应商制单查询"对话框，选中"核销制单"复选框。

（4）单击"确认"按钮，打开"核销制单"窗口，选择需要制单的单据，在"凭证类别"下拉列表中选择"付款凭证"选项。

（5）单击"制单"按钮，打开"填制凭证"窗口，因为前面的制单日期已到"2019-01-31"，按制单时序要求，输入制单日期"2019-01-31"，单击"保存"按钮，凭证左上角出现"已生成"标志，表示凭证已传递到总账管理系统。

第二节　销售业务处理

在企业整个经营活动中，销售是最重要的环节之一，销售的结果是企业生产经营成果最直接的展现，对企业竞争力有着巨大的影响。

现代企业必须构建自己的销售业务管理平台，企业相关人员要在仔细研究企业发展现状后去定制合适的系统。

销售管理系统有着很多功能，具体介绍如下。

首先，销售管理系统有设置功能。利用销售管理系统，操作人员可以根据自己的需求录入期初单据，设置销售选项、价格管理、允销限销和信用审批人。

其次，销售管理系统有业务功能。利用销售管理系统，操作人员可以进行报价、订货、发货等业务；可以进行普通销售、委托代销、分期收款等不同类型的销售业务。操作人员还可以运用销售管理系统对销售价格和信用进行实时监控，并拟订深入、全面的销售计划。

另外，销售管理系统还有报表功能。利用销售管理系统，操作人员定义"我的报表"，并根据需求查询使用销售统计表、明细表等。

销售管理系统提供了报价、订货、发货、开票的完整销售流程，支持多种类型的销售业务，并可对销售价格和信用进行实时监控，能为不同行业的不同企业提供多种业务模式的应用方案。本节仅就普通销售业务类型中的先发货后开票业务模式进行介绍，其单据流程如图6-1所示。

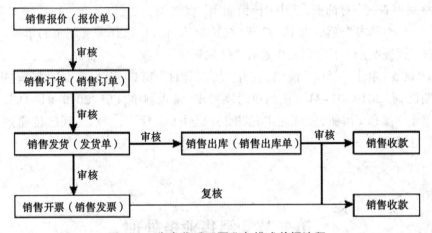

图6-1 先发货后开票业务模式单据流程

一、销售报价

所谓销售报价，指的是企业和客户之间达成的一种价格协议，企业先向客户提供货品的相关信息，双方就此进行协商，直到双方意愿统一达成协议后，销售报价单可转为销售订单，如若一方违约，则必须担负违约责任。

针对新老客户、不同存货和批量，企业可以从实际情况出发拟出不同的报价、扣率，而用户也要根据自己的需求选用销售报价单。

操作示范:

(1)在销售管理系统中,选择"销售管理"—"销售报价"—"销售报价单",双击打开"销售报价单"对话框。

(2)单击"增加"按钮,输入日期、客户、部门、业务员、存货编号、数量、无税单价等内容。

(3)单击"保存"按钮,然后单击"审核"按钮进行审核。

二、销售订货

销售订货是指由购销双方确认的客户的要货过程。销售订单是反映由购销双方确认的客户要货需求的单据,它可以用口头协议的形式表现,也可以用企业销售合同的方式表现,主要内容和相关条款都围绕着货物来进行。

操作示范:

(1)在销售管理系统中,选择"销售订货"—"销售订单",打开"销售订单"窗口。

(2)单击"增加"按钮,单击"生单"下拉三角中的"报价",打开"过滤条件选择"对话框。

(3)单击"过滤"按钮,打开"参照生单"窗口,双击选择需要参照的报价单。

(4)单击"确定"按钮,完成了将"报价单"的相关信息带入"销售订单"的任务,补充相关信息后,单击"保存"按钮,然后单击"审核"按钮进行审核。

三、销售发货

在整个销售业务中,销售发货是极其关键的一环,属于执行阶段。到了这一环节,企业要严格按照之前所签订的合同要求,将货物按照正确的地址发给客户。发货单是销售方给客户发货的凭据,是销售发货业务的执行载体。

操作示范:

(1)在销售管理系统中,选择"销售发货"—"发货单",打开"发货单"窗口。

（2）单击"增加"按钮，打开"过滤条件选择"对话框，单击"过滤"按钮，打开"参照生单"窗口。

（3）双击选中要参照的销售订单，单击"确定"按钮，完成了将"销售订单"的相关信息带入"发货单"的任务，补充修改相关信息后，单击"保存"按钮，然后单击"审核"按钮进行审核。

四、销售开票

简单来说，销售开票其实就是开具发票的过程，由企业根据实际情况给不同的客户开具。销售发票是在销售开票过程中用户所开具的原始销售单据，包括增值税专用发票、普通发票及其所附清单。需要强调的是，针对录入税号的客户，企业才能开具专用发票，而对于未录入税号的客户而言，企业只能开具普通发票。

操作示范：

（1）在销售管理系统中，选择"销售发票"—"销售专用发票"，双击打开"专用发票"窗口。

（2）单击"增加"按钮，打开"过滤条件选择"对话框，单击"过滤"按钮，打开"参照生单"窗口。

（3）双击需要参照的发货单，单击"确定"按钮，完成了将"发货单"的相关信息带入"销售专用发票"的任务，补充修改相关信息后，单击"保存"按钮，然后单击"复核"按钮进行复核。

五、销售出库

相关工作人员在处理销售出库业务时，必须要依据销售出库单来进行。如果操作人员在进行销售管理系统参数设置这一步骤时选择的是"销售生成出库单"，那么在经过必要的审核后，系统就会自动生成销售出库单，这种情况下，工作人员只需要对系统自动生成的销售出库单进行审核即可。

操作示范：

（1）在库存管理系统中，选择"单据列表"—"销售出库单列表"，打开"过滤条件选择"—"销售出库单列表"。

（2）单击"过滤"按钮，打开"销售出库单列表"窗口。

（3）选择要审核的销售出库单，单击"审核"按钮。

六、应收款确认

操作示范：

（1）在应收款管理系统中，选择"应收单据处理"——"应收单据审核"，双击打开"应收单过滤条件"对话框。

（2）输入相关查询条件，单击"确定"按钮，打开"单据处理"窗口，双击"应收单据列表"中的"选择"栏选中需要审核的单据，单击"审核"按钮，系统提示审核成功。

（3）打开应收款管理系统，找到并选择"制单处理"，等到成功打开"制单查询"对话框后，选择"发票制单"，单击"确认"按钮，随即打开"销售发票制单"窗口，在凭证类别这一选项中选择"转账凭证"，随即根据需要修改制单日期，再单击"全选"按钮，选中要制单的销售发票，单击"制单"按钮，生成一张转账凭证，将凭证补充完整后单击"保存"按钮。

七、出库成本确认

操作示范：

（1）在存货核算系统中，选择"业务核算"——"正常单据记账"，打开"过滤条件选择"对话框，单击"过滤"按钮，打开"未记账单据一览表"窗口。

（2）在要记账单据的"选择"栏双击，再单击"记账"按钮，完成单据的记账。

（3）选择"财务核算"——"生成凭证"，打开"生成凭证"窗口，选择凭证类别为"转账凭证"。

（4）单击"选择"按钮，打开"查询条件"对话框，选中"销售专用发票"前的复选框，单击"确定"按钮，打开"未生成凭证单据一览表"窗口。

（5）单击"选择"栏，选中待生成凭证的单据，单击"确定"按钮，打开"生成凭证"窗口。

（6）将会计科目补充完整后，单击"生成"按钮，生成一张记账凭证，修改制单日期并保存。

第三节 库存业务处理

库存管理系统能够对存货的出库和入库进行有效管理,实时对库存进行控制。库存管理系统主要提供采购入库、销售出库、产成品入库、材料出库、其他出入库、库存其他业务等功能。库存管理系统一般不单独使用,需要与采购管理系统、销售管理系统、存货管理系统一起使用。库存管理系统的业务流程如图6-2所示。

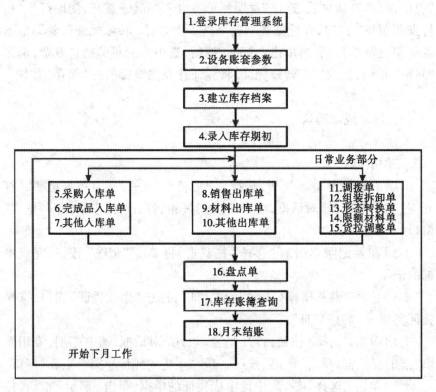

图6-2 库存管理系统的业务流程

库存管理日常业务中最主要的工作就是采购入库和销售出库,这两个业务在前面学习采购业务和销售业务时,已经分别讲解过。本节主要讲解工作中经常使用的调拨业务、盘点业务和其他原因引起的出库业务。对于盘点业务,在工作中最好采用定期与不定期的方法进行,平时都要注意核对账实数据,及时发现错误并更正。另外,需要强调的是,在工作中可以建立虚拟仓库,通过调拨的方法,将错误的存货调至虚拟仓库中,在真实仓库中始终保证账账相符、账实相符。

一、调拨业务

(一)情境资料

(1)2019年1月20日,联想电脑仓发现2台电脑有故障,暂时不能销售,需要进一步确认故障原因,特将这2台电脑从本仓库调到不良品仓。

(2)2019年1月22日,经专业人员检查并排除故障,不影响电脑质量,当日将这2台联想电脑从不良品仓调至联想电脑仓。

(二)操作指导

调拨业务是指将物料从一个仓库转移到另一个仓库的业务。操作示范如下。

1.填写并审核调拨单

通过"库存管理"—"调拨业务"—"调拨单"功能打开录入窗口,录入日期、转出仓库、转入仓库、出库类别、入库类别、存货编码、数量,保存后审核单据。

2.审核其他入库单

通过"库存管理"—"入库业务"—"其他入库单"功能打开其他入库单窗口,通过翻页找到单据后审核即可。

3.审核其他出库单

通过"库存管理"—"出库业务"—"其他出库单"功能打开其他出库单窗口,通过翻页找到单据后审核即可。

4. 特殊单据记账

通过"存货核算"—"业务核算"—"特殊单据记账"功能,根据"调拨单"记账,操作方法与正常单据记账方法相同。

需要注意的是:

可以先填写调拨申请单,填写调拨单时可以根据调拨申请单生单。出库类别与入库类别非必填项。

审核调拨单会自动生成其他入库单和其他出库单。

在其他出库单和其他入库单中,有新增单据功能,但所增加的单据业务类型只能为"其他入库"(入库单)或"其他出库"(出库单),由于业务类型为灰色,调拨业务类型只能由调拨单生成,在其他出入库单中只需要查找单据,审核即可。

特殊单据记账的对象是调拨单和组装单,调拨单记账的本质是对其他入库单和其他出库单记账(可以在恢复记账中看到),一定不要通过正常单据记账。

在存货核算系统生成凭证功能中,可以选择同价调拨,不生成凭证。异价调拨,需要生成凭证。

审核调拨单不会改变现有库存数,只有审核入库单和出库单后,才会改变现有库存数。

二、盘点业务

(一)情境资料

2019 年 1 月 25 日,联想企业对联想电脑仓库进行盘点后,发现联想电脑实际库存数比账面库存数多 1 台。多出的这台电脑按 5 000 元入账。

(二)操作指导

盘点业务是指将仓库中存货的实物数量和账面数量进行核对。操作示范如下。

1. 填制并审核盘点单

通过"库存管理"—"盘点业务"功能打开盘点单录入窗口,新增后,选择普通仓库盘点,修改账面日期、盘点日期,选择盘点仓库、出库类别、入库类别,单击工具栏上的"盘库",自动填写表体,修改盘点数量(账面数量+1),保存并审核。

2. 审核其他出入库单

通过"库存管理"—"入库业务"—"其他入库单"功能打开其他入库单窗口,通过翻页找到单据后,审核即可。

3. 正常单据记账

按照单据填写的正常步骤去记账。

4. 生成凭证

通过"存货核算"—"财务核算"—"生成凭证"功能,根据"其他入库单"生成凭证。

需要注意的是:

盘点日期不能小于账面日期,不同的账面日期,存货账面数量不同。

可以通过工具栏上的"盘库"功能自动填写当日账面库存,也可手工填写存货。

对于账实相符的存货,无须修改盘点数量。

审核后,盘盈时自动生成其他入库单,盘亏时自动生成其他出库单。

三、其他出库业务

(一)情境资料

2019年1月27日,联想电脑仓因管理不当,造成1台联想电脑损坏,无法修复,损失由仓库管理员赔偿。

(二)操作指导

其他出库业务是指出入库、盘点、调拨业务之外的业务,主要包括一

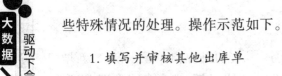

些特殊情况的处理。操作示范如下。

1. 填写并审核其他出库单

通过"库存管理"—"出库业务"—"其他出库单"功能打开单据录入窗口,新增后,修改出库日期,选择仓库、出库类别,在表体中选择存货,录入数量,保存并审核。

2. 正常单据记账

按照单据填写的正常步骤记账。

3. 生成凭证

通过"存货核算"—"财务核算"—"生成凭证"功能,根据"其他出库单"生成凭证。

需要注意的是:

其他入库业务与其他出库业务操作方法相同,方向相反。生成凭证的科目受存货科目和对方科目定义控制。

完成以上操作示范后,最后要进行账套备份,即将账套输出至"10-7 库存管理日常业务"文件夹,压缩后保存到 U 盘。

大数据驱动下会计信息处理的智能化发展

随着人工智能的发展，会计行业正在接受新一轮的数字化、自动化、智能化的洗礼，智能会计也成为热门的话题。人工智能不仅可以帮助会计人员对会计信息加以获取，还能够快速计算、智能处理会计数据，从而为企业提供更好的智能决策支持，使会计人员逐渐从账房先生转向军师参谋。当前，智能会计已经来到人们的身边，那么到底什么是智能会计？本章就来分析智能会计理论及其具体工作。

第一节　智能会计的基础理论

一、智能会计的发展历程

（一）第一阶段：会计电算化阶段

会计电算化阶段的标志性事件是 1946 年电子数字计算机的诞生，机器处理的主要对象就是数据。在这一阶段，以电子数字计算机作为代表的信息技术对人们的生产生活方式进行了改变。

1978 年，财政部拨款 500 万元给长春第一汽车制造厂，进行计算机辅助会计核算工作试点，同时在全国企事业单位逐步推行在会计工作中应用电子计算机。1981 年 8 月，中国人民大学和长春第一汽车制造厂联合召开了"财务、会计、成本应用电子计算机问题研讨会"，并在这次讨论会上提出了"会计电算化"的概念，这标志着我国会计信息化建设与发展研究已经起步。但这一阶段，我国计算机信息处理技术还比较落后，对于会计信息化的理论研究也相对较少，会计信息化发展相对缓慢。这一时期的学者主要以专著的形式来研究会计信息化，代表作品主要有中国人民大学王景新教授撰写的我国第一部会计电算化专著《会计信息系统的分析与设计》以及《电子计算机在会计中的应用》，还有由台湾林慈珍教授撰写的，探讨会计电算化内部控制与计算机审计的《电脑化会计资讯系统之控制与审计》。1987 年 11 月中国会计学会成立了会计电算化研究组，会计电算化的理论研究开始得到重视。

（二）第二阶段：信息化阶段

随着会计电算化的深入开展，基本上形成了会计软件市场并逐步走向成熟。20 世纪 90 年代中后期推出"两则""两制"及全国范围内的会计大培训，会计电算化初级上岗证也开始施行，使我国的会计电算化事业取得了突飞猛进的发展。

会计信息化理论研究在这一时期也得到了长足的发展。此时广大学者已经开始对会计信息系统网络环境下的设计、应用以及内部控制进行研究，分析了我国会计软件由核算型向管理型改造的理论基础，确定了网络会计信息系统将成为今后的研究重点。

1999年4月2日至4日，深圳市财政局与金蝶公司在深圳联合举办了"会计信息化理论专家座谈会"，提出建立开放的会计信息系统，进而引出了会计信息化概念及其含义，标志着我国会计信息化的产生。此时，一方面人们将目光转移到"会计信息化"这一概念上来；另一方面，随着电子商务、ERP、SCM、CRM等信息系统的发展，网络技术在会计领域深入运用，网络会计极大地推动了会计的信息化和网络化。此时，学者们也开始重视对于会计信息化实施的研究。

随着会计信息化软件在企业中的广泛应用，我国会计理论界也开始对会计信息化的理论进行更深入的研究。2002年起，中国会计学会每年都定期召开会计信息化年会，对会计信息化理论进行了深入的研究。中国会计学会会计信息化专业委员会主任杨周南教授为会计信息化年会的召开以及会计信息化发展起到了极大的推动作用。

我国政府也积极颁布政策制度，以推进我国会计信息化及其相关软件产业的发展。2002年以来，财政部门允许地方对各单位甩账实行备案制，不再组织应用验收。2002年10月，国家经贸委企业改革司委托用友公司组织编写了《企业信息化基本知识系列讲座》，成为我国企业开展信息化工作的权威普及读本。同时，国家标准化管理委员会发布了《信息技术、会计核算软件数据接口规范》，从而建立了会计信息化的标准体系结构。

随着会计信息化的出现，会计共享逐渐进入人们的视野，并在企业中大面积的推广。随着大数据、云计算、移动通信的推动，会计共享获得了突破性的发展，但是会计共享也仅仅停留在流程化的会计管理阶段，并未从本质上提出业务上的智能化。

（三）第三阶段：智能化阶段

随着人工智能技术的再次崛起，计算机视觉技术超越人类极限，机器的处理对象转向知识。企业会计管理在很多层面上获得了新的方法，会计管理中的预测决策、风险管控等有了更为先进的算法与模型。

与信息化阶段相比,会计智能化对企业各类信息的处理效率有了新的突破。在这一阶段,从发展态势上看呈现了三个主要场景。

第一,基于自动化技术的智能化,即基础性的会计工作基本都可以实现自动化,如自动记账、自动对账、自动审核等。

第二,基于弱人工智能的智能化,即仅仅完成人类可以做到的特定的某项智能任务,如采集更多业务、采集会计数据等。

第三,基于强人工智能的智能化,即可以完成任何人类可以做到的智能任务。相对来说,这项离我们还比较遥远,在短期内还很难实现,但是有很大的发展空间。

二、智能会计的定义

由于智能会计刚兴起不久,学术界还没有普遍认可的定义。本书可以从以下三个层面尝试加以分析。

（一）智能会计的基础——数字化

没有数字化,就不会有智能会计。会计的数字化即将多种复杂的会计信息转向可以度量的数据,进而使用人工智能算法建构智能化模型,从而实现会计的智能化。

（二）智能会计的主要内容——自动化

会计软件的自动化即会计工作以软件自动化方式,实现本来由人工操作计算机的业务。也就是说,在会计管理中,各种业务单据逐渐实现数字化,会计软件的部分功能可以实现自动化。但是这只是智能会计的初级阶段,这些自动化工作不需要更加智能的算法就可以完成。

（三）智能会计的灵魂——人工智能算法

智能会计是根据业务数据、会计数据等,使用自动化、数字化、人工智能等技术,解决会计核算问题,进而实现会计决策规划。这是基于先进的会计管理理论与方法，以数据挖掘、人工智能等技术，实现会计信息的数字化。

第二节　智能会计的核算

一、会计核算系统的演进

（一）传统会计核算系统

会计核算模块是企业会计处理时需要运用到的应用模块，在传统的ERP系统中，会计核算模块是核心应用模块，也是最基本的模块。传统会计核算模块如图7-1所示。

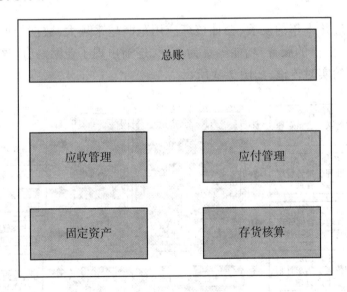

图7-1　传统会计核算模块

（二）业财集成会计核算系统

在业财集成应用系统中，往往会建构业财集成的机制，实现业财一体化,并且还会增加管理会计相应模块,形成一个相对完整的解决方案,如图 7-2 所示。

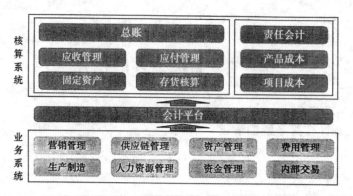

图 7-2　业财集成应用系统框架

(三)智能会计核算系统

经过几十年的发展,会计核算应用范畴越来越大,数据处理能力更加强大,提供的服务、功能等更为全面,逐渐出现了业财融合,这能够实现数据的实时传输,如图 7-3 所示。

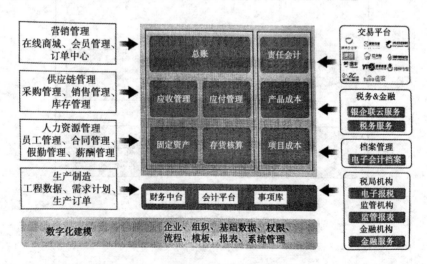

图 7-3　智能核算系统集成应用框架

二、智能核算系统原理

　　企业的智能会计核算体系主要是将业务系统作为源头,对业务处理的数据进行自动采集,按照企业的各种核算目的以及原则展开核算,生成凭证,并记录到核算模型数据库中。

　　会计核算系统需要建立不同的会计核算体系,如税务会计、管理会计等,以满足企业的不同需求。当前,智能会计也需要进行转型,提高会计核算的充分性,改变了会计信息的载体和信息存储方式,加快了信息处理、披露和使用的及时性,增强了信息的共享性,赋予了传统会计理论和实务新的特征,运用互联网更好地为决策者和投资者提供会计信息,降低企业经营风险。

　　智能会计的架构如图 7-4 所示。

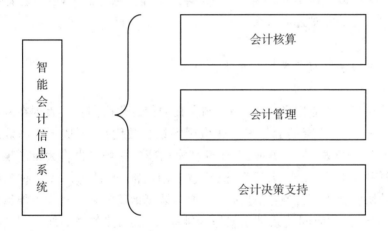

图 7-4　智能会计信息系统

　　智能会计系统的会计核算流程如图 7-5 所示,其主要实现了会计核算的信息化转变、内容多样化、信息共享化等。

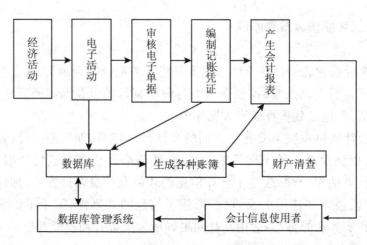

图 7-5　智能会计系统的会计核算流程

除了以上的需求内容之外,在会计管理信息化的过程中,会计系统需要满足的需求还有很多。

（一）会计与科技的信息化协同

在实际的应用场景中,会计与科技的信息化协同主要表现在两个方面:一方面,传统的会计信息化应用场景会被优化,形成更为高效或有用的升级场景;另一方面,基于新技术的新应用场景也将大量涌现。在这样的背景下,会计部门内部、科技部门内部、会计部门和科技部门之间的协同变得更加复杂,也尤为重要。认真地研究智能时代可能给传统的会计、科技协同关系带来怎样的挑战,以及构建怎样的新机制来积极面对就变得迫在眉睫和至关重要。

企业要适应时代之需,就应建立新会计模型,通过分析大数据,可以找到配置各类资源的最佳路径和最便捷的工作路线图,从而降低成本、节约资源、提高效率,为企业制定科学发展方案提供依据。顺应信息化的发展,转变管理观念,创新管理模式,显得尤为重要和必要。会计领域的革新必须借助大数据、云会计等信息技术,充分利用大数据促进会计工作的集中,逐步建立云会计共享管理模式,从而优化企业的会计。

（二）人工智能创新会计管理框架

人工智能正在改变世界。近几年，随着计算能力不断提升、算法模型逐步完善、数据资源融通共享，人工智能在各行业的落地应用进程明显加快，为传统行业的转型升级注入了强大推力。

人工智能并非仅是一种新技术，更是未来推动经济社会发展的重要基础设施。坚持应用导向，加快人工智能科技成果在各行业的商业化应用，既是发展人工智能的强力手段，也是我国抢占智能时代战略制高点、形成核心竞争力的必然选择。目前，人工智能产品已经走进了我们的日常生活，改变了人们的生活方式。智能手机、可穿戴设备、智能家居等产品使人们的生活愈发丰富多彩；半自动驾驶汽车、智慧交通系统、智能停车系统等可以有效提高人们的出行效率，降低出行成本；医疗导诊机器人、康复医疗机器人成为病人恢复健康的有力助手。

虽然人工智能技术研究发展已经有了几十年的时间，但形成一定规模的产业化应用是近几年的事情。此前，由于技术、成本等诸多因素的限制，人工智能产品并没有得到大规模推广普及，大众更多地将人工智能视作一种存在于科幻电影中的虚无缥缈的事物。直到近几年，在智能手机上线各种智能语音产品（如苹果手机的 Siri，百度、谷歌等）、人工智能巨头测试无人驾驶汽车、AlphaGo 击败世界围棋冠军等多种事件的综合作用下，人工智能的概念得以被大众广泛认知。也就是说，人工智能赛道的竞争序幕刚刚开启。本质上，人工智能的产业价值是由大数据驱动的，而百度、阿里、腾讯、谷歌、亚马逊等凭借自身积累的海量数据在竞争中具有一定的领先优势，但在教育、交通、医疗等领域培育前景可观的人工智能市场绝不是一两家企业能够完成的事情，所以，这些行业领先者无一例外地选择了"打造开放平台、扶持技术创新、构建生态联盟"的布局策略。

为此，我们需要厘清人工智能在各行业落地的思维、趋势、应用场景、增长逻辑、实践路径。这样才能精准切入，充分利用有限的资源，在人工智能商业化应用风口中分一杯羹。未来，人工智能产品将会像水和电一般，成为人们日常生活中不可或缺的有机组成部分。

第三节　智能会计的分析

一、可视化及信息可视化

"可视化"一词是 1987 年美国国家科学基金会提出的概念,即通过视觉的方式将日益增多的海量计算数据直观地展现出来,以方便人们理解、交流和应用。可视化对应的英文单词为 visualize 和 visualization。其中,动词 visualize 强调可视化的过程,意为"生成符合人类感官习惯"的图像;名词 visualization 则更强调可视化的结果,表达"使某物体或某事物成为可见的动作或状态"。可视化就是在大脑中形成一幅可感知的心理图像的过程或能力。

信息可视化是由著名人机交互专家斯图尔特·卡德等人于 1989 年创造的词汇并逐步被国际社会所接受。所谓信息可视化(Information Visualization, InfoVis 或 IV),就是利用计算机支撑的、交互的、对抽象数据的可视表示,利用人们对图形符号的解读,理解复杂信息背后的意义或故事。无论是图形、表格、流程图或是图形动画(Motion Graphic, MG),都能为人们传递信息、知识、隐喻、叙事或者观点,这些都是信息可视化。

二、会计信息与数据可视化

(一)数据的可变性

这里我们以一个实际案例分析来说明数据的可变性。美国国家公路交通安全管理局在 2010 年做了一项调查,关于近十年的公路交通事故的发生频率,以及各项数据分析。数据显示,2001~2010 年,全美共发生了 363 839 起致命的公路交通事故。这意味着有至少363 839 人在车祸中丧生,而按常理来说,这个数字应远高于此,这不得不让我们警示、反省和深思车祸带来的严重后果。然而,这些触目惊心的数据除了提醒我们安全驾驶之外,还能让我们从中得到什么呢?要知道这些数据都是十分详尽的,可以具体到每一起事故发生的时间、地点和人数等,因此我们可以从中了解到更多的信息。在出示的数据中,比起总数据,人们往往会把关注焦点切换到这些年里发生的每一起具体的交通事故上。

重要的是,查看这些数据比查看平均数、中位数和总数更有价值,测量值只告诉人们一小部分信息。大多时候,总数或数值只是告诉人们分布的中间在哪里,而未能显示出应该关注的细节。

(二)数据的不确定性

通常,大部分数据并不像上文提到的交通事故案例那样有具体实际的数据,而都是估算的,并不精确。分析师会研究一个样本,用自己的所学、所知对其进行分析,并据此猜测整体的情况,大多时候所猜测的是正确的,但即使如此也仍然存在不确定的情况。例如,笔记本电脑上的电池寿命估计会按小时增量跳动;地铁预告说下一班车将会在 10 分钟内到达,但实际上是 11 分钟;预计在周一送达的一份快件往往周三才到。

如果数据是一系列平均数和中位数,或者是基于一个样本群体的一些估算,就应该时时考虑其存在的不确定性。尤其是关乎人类这个庞大的群体时,相关的预测数据就更要谨慎入微地去考虑,设想更多的不确定因素,这样得到的最终结果才更加趋于"正确",否则,一个很小的误差就可能会导致巨大的差异。

第四节 智能会计的决策

一、传统会计决策

会计决策,即为了实现经营目标,由企业管理者从经营状况与会计资料出发,结合决策的原理和方法展开的管理活动。会计决策的内容涉及会计总目标决策、投资与筹资决策、成本决策、利润分配决策等。当然，企业的规模与经营范围不同，会计决策内容也必然不同。会计决策在企业经营管理整个过程中得以贯穿，是企业管理的核心。

传统的会计决策是由决策者以现存的数据资料以及过去的决策经验作为基础做出的，从企业经营中存在的决策问题出发，企业的最高管理层根据企业自身的能力与资质以及发展战略，做出会计总目标决策，并从上向下层层传达，同时各个层次的负责人做好本区域的决策，共同形成会计决策体系。

二、智能决策支持系统

决策支持系统，简称 DSS，是 1971 年提出的，其被定义为交互的计算机系统，能够帮助决策者从历史数据中构建模型，并对决策提出合理化的意见和建议，以解决传统会计决策中很难解决的问题。

DSS 的结构有多种形式，虽然 DSS 的结构在不同的运用环境中存在差异，但是其核心部分基本相同。

DSS 的决策制定过程：用户将问题输入，系统将问题转化成可以识别的语言，并对问题进行分类和界定。通过将系统中的数据库、方法库等调用，提取决策需要的数据，并对数据加以处理，建构模型，从而进行求解。当得到结果之后，形成符合决策要求的方案反馈给用户，由用户进行评估并选择。如果得出的决策方案符合用户需求，会被采纳；如果不符合，则会再次改进，进入决策流程，直到满足用户需要。

三、智能会计决策支持系统

智能会计决策支持系统，简称 IFDSS，是在 DSS 的基础上，结合企业会计决策的现实需要构建的智能决策辅助系统。通过对 DSS 各个模块进行针对性改造，可以形成适合企业会计决策方向的 IFDSS 系统，具体模型如图 7-6 所示。

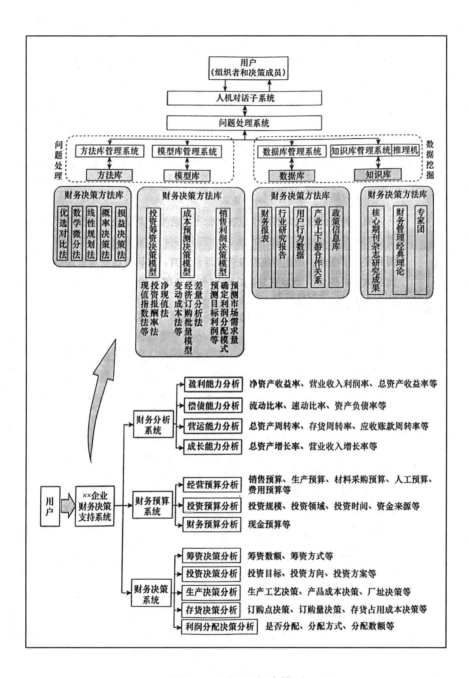

图 7-6　IFDSS 概念模型

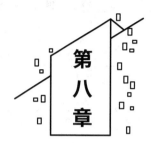

大数据驱动下会计信息的集中管理与监控：
财务共享中心的构建

  集团根据战略定位进行战略管理，有效管控整个集团公司，而建立财务共享服务中心能够推进集团财务标准化和集中化，有效实施集团战略管理决策、信息整合决策等有关决策，提升集团财务管理水平和财务风险防范能力，为集团战略决策提供支持服务。本章主要对大数据驱动下会计信息的集中管理与监控，即财务共享中心的构建展开深入的分析与研究。

第一节　财务共享及财务共享的战略定位

一、财务共享

（一）财务共享的产生背景

财务共享服务的产生主要是由这一服务为企业提供的突出价值而推动的。共享服务为企业提供的服务是多方面的，它不仅体现在财务方面，还同时在人力资源管理、信息服务、后勤、物料管理、客户服务、法律事务服务等诸多方面为企业提供更加专业化和标准化的优质服务。因此，共享服务给企业带来的益处也是多方面的，简单来说，可体现在以下几个方面。

1.大幅降低运营的成本

共享服务是从根本上解决降低成本的问题。通过财务共享可以大幅降低成本，它主要体现在资源共享与业务集中的基础之上。比如以往的财务岗位设置中，有大量的人力资源的浪费。不管业务运营的情况如何，也无论财务人员的工作量是否饱和，每个单位或地区都要设置相同的岗位和人员，从而造成大量的浪费。财务共享则将资源和业务集中进行处理，避免重复性设置。在工作量不超负荷的情况下，一个财务人员可以处理几个单位或地区的相同岗位业务，从而节约了人员、时间、沟通、差旅等多方面的成本，实现了在业务量不变的前提下，不仅精简了业务人员、降低了成本，而且提升了效率。

实施财务共享的服务之后，对业务流程和规则都进行了标准化管理，消除了多余的、重复的、非增值的作业，极大地降低了成本。

另外，由于共享服务基本上是以数据化和远程处理的方式进行的，因此大多数共享中心都建立在成本较低的地区，这在运营层面上也大幅地降低了成本。

以美国运通公司为例，最初运通公司有 46 个业务站，且分布不均，各站点之间存在着系统重叠、效率低下的问题。当时,仅业务处理人员就有 4 200 人,费用高达 4 亿多美元,该费用占公司运营成本相当大的比例。然而在推行共享服务之后,运通公司将全球业务处理合并为 3 个财务中心,高度实现标准化管理,降低了运营成本。仅旅行服务业务,全球员工就减少了 1 000 人,节省成本超过 8 000 万美元,随着业务量的逐年上涨,实现了规模经济效益的提高。

2. 提升服务质量与效率

共享服务的前提是管理和流程的标准化、系统化以及数据化。将原有低效的重复性作业彻底淘汰,替代为简单明了、分工详细的、更具效率的工作模式。具体模式主要有:将传统的会计记账转变为"共享式会计中心";将人事服务变成"人事管理中心"模式,最大化地降低运营成本;将工作的主要重心放在服务上,一切聚焦于业务发展上。

世界上最大的企业软件供应商甲骨文,用 6 年时间在全球建立了 3 个区域化的共享服务中心。如今,甲骨文只需几个工作日就可完成全球 65 家子公司所有的年末结账与合并结算。这个数字是许多中国上市公司都无法企及的,而甲骨文之所以能够实现如此惊人的效率,主要是共享服务中心的功劳。

3. 促进核心业务的发展

除了降低成本、提升效率之外,财务共享服务还为企业提供了强大的后台支持,将协调内部业务与满足外部客户需求的复杂工作变得简单而且可实现。将原来那些烦琐的、重复性强的非核心业务交由共享服务中心运作,既节省了人工,又提升了效率,使企业可以将精锐力量全部专注于核心业务上。共享服务不仅给员工提供了强大的、稳定的支持,而且也大大地提升了客户的体验。

4. 加速企业标准化进程

企业的成长与发展必然伴随着标准化的进程。在建立共享服务中心之前,企业或多或少都存在各业务资源分散的问题。许多交叉或衔接业务的操作和流程都各不相同,不可避免地会造成内耗和浪费。而共享服务中心将原来分散在不同业务单位的活动、资源整合到一起,成为系统内统一的整体资源,为企业的业务运用、人力资源管理等都提供了统一的平台,有助于工作效率和服务质量水平的提高。

共享服务加速企业标准化的例子很多,比如渣打银行,在建立共享服务中心之前,渣打银行在全球许多国家都设有分公司,其在各个国家的银行系统都采用不同的电脑管理软件,而各种软件之间的不兼容为财务管理带来极大的不便。每个银行都以自身需要为中心,选择各自的应用软件,最终造成总部管理的极大困扰,而且各个分部之间的沟通也存在许多麻烦。于是在建立共享服务中心时,为了使所有的银行前台输入的数据能立即为共享服务中心所用,渣打银行重新对各银行的计算机系统进行了检查和整合,并在设计共享服务中心的技术支持系统时,将其作为整个银行系统技术标准化的第一步。

5. 增强企业规模化扩大

财务共享的推进其实是与人力资源管理、信息管理保持同步进行的,它们彼此之间有着相互制约与促进的关系,可以说是一个有机的整体。因此,当企业将财务管理、人力资源管理、信息管理等职能集中到共享服务中心处理之后,使原本分散、重叠以及闲置的资源进行整合,对促进企业发展新业务创造新的便利。一个共享服务中心可以为所有的业务部门赋能,而且在建立新业务时也不必考虑重新建立,从而节省了经济、时间和精力成本。并且新的业务部门一开始就可以获得成熟完善的财务、人力资源等职能部门的支持,大大提高了效率。

(二)推动财务共享产生的驱动因素

放眼世界,财务共享已经成为一种趋势,甚至在许多商业发达国家,财务共享已经成为一种常态。特别是一些大型的跨国公司,财务共享给很多企业的管理者带来极大的便利。但是,回顾最初,各个国家的各种企业为何几乎在同一时期都采取了财务共享模式,并很快发展成为一种必然的趋势,这背后的真正原因以及核心驱动又是什么呢?

1. 外部因素

“获得长期竞争优势的唯一方法就是在全球范围充分运用企业的各种能力,从而使得企业整体的运作能够比其各分散部门的独立运作更加有效。”惠而浦首席执行官约翰·惠特曼的这句话几乎道出了全部原因。

随着全球化竞争的普遍加剧,企业在规模扩大以及实现国际化增长的过程中,如何在多个市场保持统一、高效的管理机制是每一个企业都面临的问题。在控制成本与快速发展之间找到平衡已经成为跨地区、跨国企业的重大课题,而财务共享则是一个被实践证实的行之有效的方法。

2. 内部因素

随着全球化的发展,企业的跨国发展已经成为趋势,商业文明可以冲破地域、文化、信仰、民族等各种围墙,为不同国家、地区和种族的人们提供服务和便利。然而企业在不断发展壮大的过程中,业务的剧增以及跨地区的管理等都是企业要面临的问题。此时,企业急需一种解决方案,能够快速、高效地将分散在世界各个国家和地区的分部进行标准化的管理,特别是在财务管理方面对财务共享具有迫切的需求。财务共享技术通过简单的、统一的、标准化的处理,使得企业的管理者能够更为直观、便捷地进行管理;同时也简化了各个部门之间工作衔接的冗余,极大地提升了效率。财务共享通过对企业内部重复性作业的整合,对流程进行再造,显著地节约了成本、提升了效率,于是各个企业纷纷将财务共享作为企业发展的必要过程。

(三)财务共享的发展

1. 随着技术的发展而发展

财务共享服务从孕育到诞生、从成熟到发展,一路上伴随着财务管理模式的变革,一共经历了分散、集中、共享、外包四个阶段。就目前的发展趋势来看,科学技术的迭代日新月异,而且科技始终是推动社会发展的核心力量,财务共享的发展也将会随着技术与社会的发展而不断取得新的突破。

2. 财务共享服务的持续改进

（1）从优秀到卓越。

财务共享服务的实施,是企业标准化管理和实现规模化的重要条件。当企业的财务管理模式实现了从传统到创新的转变,企业会获得更加有力的发展势能。同时,随着企业的发展,对财务共享服务也在持续地进行优化和改进,这又使财务管理模式实现了从优秀到卓越的飞跃。然而这一过程应该像细水长流般永不停歇,需要具有持续推进变革的信念和决心。

企业的发展包括对业务领域的拓展,对组织结构的调整,对战略目标的优化,经过一系列的管理变革,才能建立一个较为有效的财务管理系统。然而必须指出的是,希望通过一次变革就能建立起一个稳定的、完善的财务共享中心是不可能的。因为企业一直处于动态的发展过程中,社会发展也一刻不曾停息,技术突破更是争分夺秒,所有这一切都注定了财务共享服务不可能是一成不变的。实际上,财务共享服务中心的构建是一个持续演进的过程,企业的管理者、经营者和财务主管人员需要具备持续改进的意识以及敏锐的洞察力。财务共享服务自身具有特殊的生命力,它的完善要建立在不断优化的机制之上,一经开始就不会有停歇的时刻。但这个过程并不是革命性的,也不会特别引人注目,而是不间断地实践和尝试,逐渐构建出一个充满活力的共享服务中心。

(2)建立长效的优化体系。

一个健康的、充满活力的财务共享服务中心,应该始终处于动态的发展过程中。财务共享服务中心的发展并非偶发性的波动改进,而是持续地、主动地、不间断地进行,它同时兼具计划性、组织性、系统性和全员性的特点。当然,财务共享服务中心的持续改进工作并非靠个人的力量推动,它需要建立一套长效的支持性优化体系,在不同的维度以及管理的角度对整个组织的运营提供支持和优化措施。

在系统的维度,管理层、执行层都属于系统的一部分,分别代表不同的角度,因此考虑的问题也自然处于不同的维度,这为优化和建设共享中心创造了有利条件。通过一个支持性系统的建立,企业员工和客户能够在一个良好的沟通平台上实现互惠互利,提升工作效率和服务体验。在支持性系统的督促下,可以定期召开系统讨论会,进而建立系统版本的优化机制。针对不同业务部门的需求,还可以建立分层级的培训体系,为员工的持续发展提供合理的支持,从而为企业带来更加有效的、高质量的服务。

在制度的维度,同样需要创建长效的制度优化机制,使组织能够定期评估制度的有效性,发现制度是否已经出现滞后的迹象,并随时更新制度版本等。

在质量的维度,项目人员可定期对上下游质量节点进行评估,发现存在的问题并提出改进方案。项目人员需保持一定的敏感度,随时发现零星出现的问题,以及积极关注系统优化的各种可能性,保持积极的态度。

总之,财务共享服务中心的发展需要长期地、持续地改进,它是一种积跬步以至千里的行为,贵在持之以恒。相信持续改进终会带来惊人的效果,保持积极的、开放的、坚定的信念,是确保财务共享服务中心长期、健康、稳定发展的基石。

3.共享服务在全球的分布

纵观全球,财务共享服务无论在深度上还是广度上都得到了广泛而充分的应用,尤其是在一些大型、超大型企业中,财务共享得到普遍的接受和认可。并且,近些年来财务共享服务已经逐渐地由发达国家向着发展中国家传播开来。

根据埃森哲的一项调查表明,在全球共享服务领域得到最多应用的是财务业务。其中应付账款业务实施比例占到83%、总账业务占65%、固定资产管理占57%、应收账款占56%、薪资支付占55%、差旅及费用报销占50%、财务报告占48%。这些数据表明,财务业务是企业共享服务业务的重要组成部分。

就财务共享在中国的推进情况来看,目前仍处于比较初级的阶段。大多数人对财务共享的概念还十分陌生,绝大多数企业还沿用传统的财务处理模式。然而,随着全球化的快速推进,中国本土企业要想顺利地、快速地突破国际市场,并在竞争中获取优势,实施共享服务将会获得强有力的助力。

服务外包模式已经在全球范围内广泛的存在,其中财务服务的外包也逐渐成为一种趋势。通过观察发现,财务服务外包是全球业务市场的重要部分,在这方面,印度比中国要先行一步。这得益于印度具有大量的廉价人力资源,而且和中国相比,印度还具有相当的语言优势,因此,印度迅速占领了欧美财务外包业务的主要份额。在印度的班加罗尔,随处可见跨国公司建设的财务共享服务中心。

与此同时,东欧也在外包服务领域发展迅速。在国际市场上有一个不成文的习俗,美国更倾向于向印度外包业务,而西欧则更多地转向一些东欧国家,并有人将中东欧比喻为欧洲的班加罗尔。但是近些年来美国公司也出现倾斜,他们也越来越多地将外包服务投向东欧国家。比如

IBM、戴尔、摩根士丹利等公司已经开始采取行动。但东欧的外包市场规模较小，仅占全球外包市场的千分之五左右。

4. 共享数据的智能财务体系

随着信息技术的发展，财务共享作为管理会计的"基石"，正面临定位与价值的全面刷新。在大数据、云计算、互联网、人工智能等技术的渗透下，领先企业正在积极探索和建设以数据共享为核心的智能财务体系。财务共享中心连接前、后台部门的运营和数据中台，承载智能共享服务、智能管理会计和智能数据分析等功能，在新技术驱动下，推动企业构建智能财务体系。

这是财务共享发展的高级阶段，覆盖企业绝大部分的业务系统，是企业强大的业务中台和数据中台，为分公司和子公司提供更多的可以随时调用的业务支持。大量的业务交易产生大量的实时数据，使共享中心成为集团级数据中心，共享中心集成核算数据、预算数据、资金数据、资产数据、成本数据、外部标杆数据等，为数据建模和分析提供准确、全面、系统的数据来源，成为企业业务的调整依据和决策依据。

（四）财务共享的必要性

1. 财务共享是大势所趋

共享服务出现于 20 世纪 80 年代的美国，很快又传到了以西欧为主的欧洲国家，有大量的事实证明，共享服务在绝大多数情况下都取得了成功。截至目前，它被广泛地认为是财务职能部门最佳实践的关键要素之一，这是"大势所趋"。任何拥有多个后台办公财务职能部门的组织，都能从财务共享服务中受益。展望未来，财务共享服务能确保企业整合财务处理流程，甚至还能让更高价值的活动也不断产生商业效益。

2. 助力企业的规模化发展

财务共享从出现到发展至今，已经有几十年的历史，在西方发达国家，特别是那些最为成功的企业里已经得到充分的验证。因此，只要全球化发展的趋势不变，大型企业要想走向世界，进行多元的、深入的发展，那么开展财务共享就是一个绕不过去的议题。因为不管何时，企业的发展都离不开降低成本、提升效益两个目标。而财务共享是通过验证的、十分有效地增强公司灵活度和标准化的手段。

在企业扩大规模的发展中，财务共享也会起到助推作用，为企业实现快速增长、开拓新市场以及收购后的管理带来多种便利和可靠的支持。

一些财务管理者选择在公司内部进行转型，或者引入"精益管理""六西格玛"等手段，再结合相关的组织架构进行重新配置；还有一些财务管理者则采取了改变业务模式等更加激进的手段。

3. 财务会计转型的需要

传统的财务会计专注于会计核算，随着数据时代的到来，很多财务工作会被越来越智能的技术和软件所替代，这也为财务人员进行转型和升级提供了一股强大的推动力。在发展过程中，公司更加需要的是能够在管理决策层发挥作用的财务人才，而不是简单执行会计职能的普通技术人才，并且随着办公软件的智能化发展，很多基础性工作都已经可以交给计算机来处理，那么原来的基础性财务人员则要么被淘汰，要么奋起突破，实现技能升级的转变。人的发展必须适应时代的趋势，在财务共享已经逐渐成为大势所趋的关头，财务人员也迫切需要向着财务共享的方向努力，并从中找到适合自身发展的位置。在这样的背景下，许多财务人员纷纷从财务会计转型到管理会计，这是当前我国会计领域变革的重大趋势。

（五）财务共享的影响

1. 加速了企业的组织改革

企业必须认识到财务职能部门只有在不断演变的过程中才能为公司的全球业务提供支持。财务是公司内部最为重要的支持部门，牵一发而动全身，甚至在某些时候具有决策权。通过改进财务管理模式，带动企业进行一系列的组织架构改革，目的是确保企业的业务流程、人员管理以及客户服务都能与财务管理更为融洽，避免冗余与内耗，使每一个环节都更为简明。因此，通过财务共享，企业在诸多层面都产生了改进和优化，以确保整体运营更为清晰有效。这无疑显著地推动了企业的标准化进程,为日后进一步的发展创造了条件。

2.通过改变规则快速取胜

实际上,财务共享服务可以支持公司实现很多目标,从"快速取胜"到"成为改变游戏的人",从中受益的远远不止财务职能部门。并且,在"改变游戏规则"之后,公司的各个职能部门都更为精简,工作效率速增,从而再次加强了"快速决策""快速取胜"的可能性,成为一个积极的正向循环。

还有一些公司更具野心,试图一步到位地建立一套全方位的共享服务业务,从而让整个公司实现远大目标。

3.激活其他职能部门的活力

财务共享对整个组织的意义是十分重大的,其影响也是非常广泛的,会随着时间的推移而逐渐显现。最先从财务部门开展的共享服务,也激活了企业其他职能部门的潜力,并且财务共享还起到了在其他部门之间牵线搭桥的作用,从而轻松整合了业务的"前端"和"后端"。这种跨部门的协调方式有助于更快地为企业创造更多的利润。这不仅提升了财务部门的服务绩效,而且还使整个公司内部实现了"财务联通"。在一个核心部门的带动下,激活了整个企业的潜在活力,逐渐地建立起全面的共享服务。

4.对业务外包服务的带动

需要指出的是,财务共享服务作为企业的核心,鼓励和带动了其他职能部门的共享和外包服务,从而对促进企业的发展起到一定的带动作用。财务共享不一定在公司内部开展,也可以外包出去,对于一些企业来说,共享财务外包也许是更有利的选择。但是这里有必要梳理一下共享服务外包和业务流程外包的区别。业务流程外包是指企业将非核心的业务外包给外部供应商。二者的相同之处在于共享服务也存在外包,它们都是将一系列工作交给一群专家,由他们运用创新的、专业化的方法集中精力提供解决方案。但传统的业务流程外包是单纯地将业务外包,而共享服务外包是对原有业务、流程进行优化整合,从而达到降低成本、提高效率和进行标准化服务的目的。

业务流程外包与共享服务外包的具体区别如表8-1所示。

表 8-1　业务流程外包与共享服务外包的区别

业务流程外包	共享服务外包
业务的简单转移	业务、资源的整合
提高效率、降低成本	提高效率、降低成本、标准化
简单集中	关注流程优化与流程再造
原流程、标准不变	一致的标准、流程、系统和模式
向管理层负责	以客户需求为中心
事务处理者	服务提供者
业务单位无选择权	客户有选择权
业务单位不参与监督	客户可参与服务质量的监督
一般设在总部	地点选择与总部无关

5. 降低了企业发展的成本

财务管理者最重要的使命之一就是提升企业的生产效益，降低成本。以较少的投入换取更多的回报是企业经营的首要目标，然而这并非容易，对于一家庞大的企业而言，这往往是一项极为烦琐、复杂的系统。然而，通过财务共享的实施，极大地推进了企业的标准化流程，使降低成本变得更加简单明了。它不仅大大地提高了财务流程的透明度，而且对过程中如何加强配合及增强杠杆都变得更具可控性。而这一切都得益于财务共享在"流程标准化"这一方向上的改进和优化。正如可口可乐公司的 Patrickvan Hoegaerden 所说，"我们的出发点就是要简化流程"。

与此同时，财务管理者也敏锐地注意到，相对于完善的流程所带来的成果，公司实际上并不太关心流程本身。金佰利公司的 Simon Newton 提出，"共享服务和外包是否就能帮助企业表现更加出色？更优秀的人才和优质的服务就能创造更多价值吗？"

但是，简柏特公司的 Pascal Henssen 和凯捷公司的 Chris Stancombe 有更为深刻的观点，他们两人都认为，尽管流程的规模化实现了成本的节约，但更重要的是财务管理者从一开始就站在了一个战略高度上进行考虑，从而对公司的开源节流有了更全面的见解，这是降低成本的真正原因。

但是不管怎样，通过财务共享实现降低成本、提升效率的目的是

所有财务管理者的共识,这无疑也是财务共享服务所带来的最直观的影响。

6. 提升了对供应商的鉴别

通过财务共享服务平台的建立,财务管理者发现,公司的供应商产品和服务的优劣可以更为直观地进行比较,并且得到多维度的、全面的数据支持,从而对企业的供应商可以量化鉴别。比如,一些供应商多年来提供的服务都没有改进,而其他人却在逐年提升。由于这种变化是不容易被察觉的,因此企业并不知晓,但是如今反映在后台系统中却是一目了然的。某些供应商是优秀的运作者,另外一些则更注重战略布局,他们的不同特性都在不同程度上影响了企业的发展和决策。这些从后台获得的异常珍贵的信息,不仅帮助企业更加科学合理地选择供应商,而且也成为企业未来选择合适的合作伙伴的重要依据。

当然,不同的企业在不同的发展阶段所看重的品质也不尽相同,同时,企业获得的信息也处于发展变化中。通过财务共享服务中心的数据,企业可以根据自身的情况进行选择和取舍。比如,Marsh & McLennan 公司的 Joanna Reynolds 认为,"我们选择供应商主要看重的是他们的灵活性,以及能否提供适合我们公司的企业解决方案"。

IBM 公司的 Austen McDonach 指出,"不同行业的复杂性各异,需要具体问题具体对待,而这一过程需要繁杂的计算和分析,如今可以从财务共享服务中心获得有利信息"。

埃森哲的 Anoop Sagoo 表示,"一些企业只想把供应商放进条条框框里,这种关系会令他们更加放心"。而凯捷咨询公司的 Chris Stancombe 却认为,企业与供应商之间存在着相互促进或相互制约的关系。如果能够得到更有力的信息来促进这一关系向着更加积极的方向发展,那么双方将共同获益。Anoop Sagoo 认为,供应商应根据客户需求及时调整能力,他说"好的供应商应了解公司的当务之急,并明白这种需求会随着时间而变化"。

由此可见,企业在与供应商的合作和互动过程中,实际上带来了多方面的影响,也产生了多种可能性,但只要是积极的、互惠互利的互动,不仅对企业鉴别供应商带来帮助,而且还会对供应商的发展产生推动力,从而实现稳定的、共同发展的合作关系。财务管理者不仅要对供应商的能力进行鉴别,而且要提高警惕以防被他们裹挟而影响了自身的发展。但是所有这一切并不是靠人为的主观判断做出的决策,而是建立在可靠的数据之上,是财务共享服务中心提供了强大的后台支持。

7. 促进彼此更流畅的沟通

虽然绝大多数的企业管理者强调良好的沟通在企业经营过程中具有重要的作用,但是,良好的沟通本质上并不是基于良好的口才或者过人的情商,实际上,真正有效的沟通是建立在合理的机制以及准确的信息之上的。财务共享为企业开创了一个新天地,即令公司不同部门、不同级别的人都能够站在一个信息公开透明的情境下进行沟通,于是,避免了许多干扰因素,使工作效率提升。

财务工作面临的挑战在于,企业实际上并不那么关心流程,更多的是关心结果。但是财务流程往往会对结果具有决定性的影响。因此,财务共享服务中心的存在,实现了让流程简化、让结果透明这一"双赢"局面。当流程建设得不可指摘时,那么人们只需要关注结果即可。并且,除了财务职能部门,其他部门各个层级的人员都可以平等地"就事论事",使内部沟通十分畅通和简单。

这对于企业能够快速做出决策也带来帮助。正如壳牌公司的George Connell 所说,"为策略命令争取到来自高层的支持对变革的顺利推行很关键"。也就是说,一个普通的员工只要有了关键数据,那么说服领导并获得决定性的决策将变得十分简单。这绕过了重重障碍,使原本存在的各种人际、层级、信任等会带来阻碍的问题一扫而光,让工作和沟通变得更加简单明确,而且令公司文化也变得更为简捷和务实。

对于一些跨国的巨无霸型公司而言,公司内部的沟通还涉及地域和文化的干扰。公司的员工来自世界各国,不仅仅是语言的不同,而且思维方式、宗教信仰等各个方面都存在差异,这都有可能会成为沟通的障碍。但是通过标准化、简单化的共享系统,以上的问题都迎刃而解,对文化差异、性别差异、宗族差异等也能顺利跨越,毕竟无论人员来自什么文化背景,数据是全球通用的语言。这令具有不同文化接受程度的人都能够轻松地表达与沟通,大大地提高了沟通的效率。

在所有的财务发展变革过程中,最困难的一部分工作总是对变革的管理。人们对未知的事物充满疑虑,毕竟目前的职能还在运转,而且运转了相当长的一段时间,因此人们对产生的新技术并不十分信服。抗拒改变是很自然的事情,但是流畅无碍的沟通也格外重要,并发挥着不可替代的作用。

8. 改善客户的服务体验

在财务共享的推进过程中，除了企业自身的直接受益之外，另外一个显著影响来自客户的反馈。许多服务型企业都明显地改善了企业的服务质量，得到客户更多的认可和支持。就像联合利华的 Christian Kaufmann 所说的那样，"站在供应商的视角来看，他们最主要的目标就是确保客户不会流失"。反过来，企业最在乎的也就是确保每一位客户都得到满意的服务，产生深度的认同和连接，甚至还会为企业带来新的客户。在培生集团看来，"文化契合度"和"爱之深，责之切"是他们服务客户时最在乎的事情。很显然，这是一种合作关系。对于企业来说，发展公司的文化诉求不仅仅体现在业务层面，甚至从财务共享的推进过程中获得有力的支持。由于财务共享带来的系统化和标准化管理，可以在后台对很多业务有更加直观的认识，从而提升业务执行的质量，这直接反馈到客户身上就成为一种极佳的体验。

当然，无论是认可还是信任，都是随着时间慢慢积累起来的，"要在公司内部建立信心和信任感，打开他们的眼界，向他们证明我们可以做到什么"。IBM 公司的 Austen McDonach 也认可这一观点，"看看那些与我们合作时间最长的客户，毫无疑问改变是一点一点发生的。信心终将建立起来，专业知识终将积累起来，风险也终将被降低"。

通常情况下，信任会由于某个客户不切实际的期待而受到影响。同样的，客户也会因为企业提供意想不到的绝佳服务而瞬间产生强烈的好感。聚沙成塔，就是怀着更好地服务客户的信念，并且有了财务共享这一强大、稳定的后台支持，企业能够逐渐地获得更多的来自客户的认可和支持。

二、财务共享战略

财务共享战略即为了配合公司的整体经营而确定的财务共享服务中心未来的工作目标，以及为实现这一目标所需要采取的行动。战略定位是财务共享中心的灵魂，其涉及战略目标选择、战略结构优化等内容。战略定位在整个财务共享服务中占主导地位，对财务业务流程、财务组织人员、财务信息系统等的方向与举措起着决定性的作用，对财务共享服务中心的定位和发展意义巨大。

（一）财务共享的战略定位调整

财务共享中心发展至今已有三十多年的历史，国内最近一次共享中心建设浪潮是在国资委和财政部的引导下形成的，以国有大中型企业尤其是央企为主，将共享中心的建设推向新的高度。企业在建设共享中心时，不再将追求成本效益因素作为第一要素，而是在加强财务管控、降低运营风险的前提下，进一步完善财务管控体系，其次才是成本效益因素。所以，国有企业建设共享中心时，在对其业务的选择选址，流程标准化、规范化，以及信息系统等方面都有不同于以往的要求。从初步的摸索尝试，到管理软件企业与客户协同推荐，再到企业的自主创新，中国本土企业财务共享服务在历经近十年发展后进入快速增长阶段。"管控服务型"财务共享成为企业建设财务共享中心的核心动机和价值体现，与单纯的服务型财务共享中心在发展背景、价值创造、组织定位等方面均有所差异。

在2015年北京国家会计学院中国大型企业集团财务共享服务中心建设情况调查报告中，关于财务共享服务中心定位的调查结果显示，多数企业在建设财务共享中心时重点考虑集团管控与会计服务并重。

（二）财务共享服务中心的战略目标

战略目标是对企业战略经营活动取得成果的预期。战略目标并不是固定不变的。不同的企业在建构财务共享服务中心时，会根据自己的需求设立不同的战略目标，并且即使在同一企业，时期不同，可能设置的战略目标也不相同。

一般来说，企业建立财务共享服务中心的战略目标需要考虑成本、风险和财务转型三个方面，如图8-1所示。

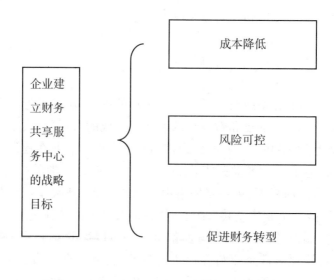

图 8-1　企业建立财务共享服务中心的战略目标

在成本降低这一战略目标下,财务共享服务中心通过对资源加以整合,实现成本降低,进而提高效率,对企业的财务职能加以巩固。

在风险可控这一战略目标下,其侧重财务共享服务中心应该加强内部控制,加强风险管理,实现对财务有力的管控。

在促进财务转型这一战略目标下,要求推进财务共享服务模式的变化,促进财务人员的进步与发展,使财务流程发生变革,以不断提升财务部门的能力。具体来说,如图 8-2、图 8-3、图 8-4 所示。

企业最终选取什么模式,其中最主要的动力因素在于"在某一特定时间点,公司需要什么,鉴于这种需要,公司会选取什么模式",不同企业所面临的内外环境不同,发展阶段不同,所选择的财务共享服务战略目标也会有侧重。欧美国家的很多企业追逐成本,因此乐于选择印度、中国等共享服务中心处理财务工作,目的是降低成本。国内很多企业为了加强财务风险控制,选择在总部建立共享服务中心。还有一些企业的目标不仅是为了追求财务流程运作的顺畅,还要追求创造一种新模式,这样便于管理公司。

这三个目标并不是孤立的,只是不同企业选择的侧重点不同而已。同时,财务共享服务战略目标不同,决定财务共享服务的具体业务目标也不同,具体如图 8-5 所示。

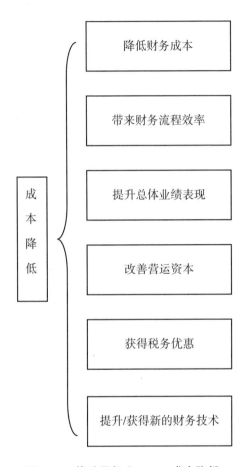

图 8-2　战略目标之一——成本降低

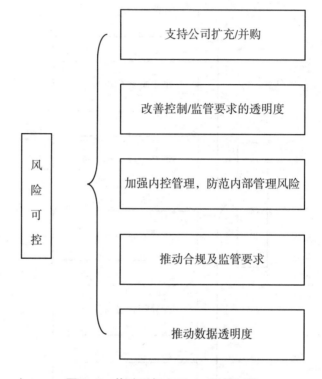

图 8-3　战略目标之二——风险可控

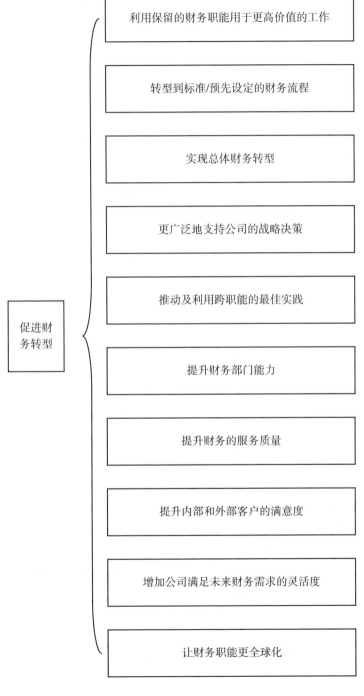

图8-4 战略目标之三——促进财务转型

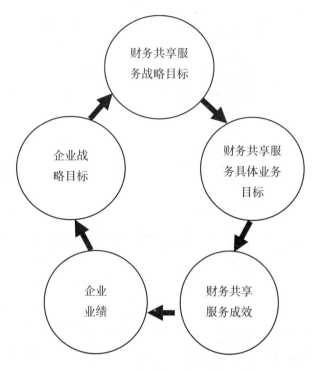

图 8-5　企业战略目标与具体业务目标

1.国际企业财务共享服务中心的战略目标

通过对国外企业进行调查研究发现,当前国际企业财务共享服务中心的战略目标排在前三位的分别是提高财务流程效率、降低财务成本、提升总体业绩表现。之后,还有提升财务部门能力、提升财务的服务质量。与未采用财务共享服务的企业相比,采用财务共享服务的企业更加注重其带来的降低成本的好处。

(1)降低成本,提高效益才是共享的主要原因。

在欧美企业看来,效益是最初的出发点。企业采用财务共享服务,首先考虑的就是提高自身的效益,能够以较小的投入获得更大的利润。其次,利用标准化流程来提高效益,一是这一流程可以降低财务成本,从而快速提升财务盈利曲线;二是这一流程能够使财务操作更简易化,从而提高财务透明程度。

（2）在效率、管控与统一标准之间获取平衡。

很多专家指出，企业要在效率、管控与统一标准之间需要寻求一种平衡。

第一，效率。要在行动分配上提升效益以及有效性。

第二，管控。要把握一定的平衡，不仅要控制自身的力度，还不能对公司造成束缚。

第三，统一标准，即企业集团财务要基于合理范畴，实现标准的一致性，确保财务制度的标准化，这样才能保证财务业绩的可比性，以及实现对各个业务单位财务状况的管控。

财务共享服务模式能够实现上述三点，但是需要指出的是，一定要把握三者的平衡，如图 8-6 所示。

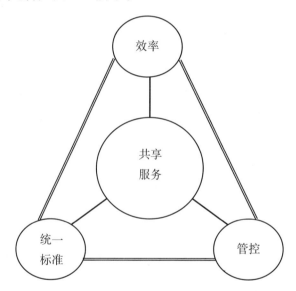

图 8-6 企业在效率、管控与统一标准之间寻求平衡

2. 中国企业财务共享服务中心的战略目标

在战略目标上，中国企业将更多的精力放在实现流程化、标准化作业层面，以应对企业的扩张，通过将财务操作业务与管理业务分离，实现财务的转型，一定程度而言，可以降低财务运行成本，更好地实现财务共享服务。对于国内企业来说，降低成本并未占据财务共享服务中心的首要驱动地位，而是非核心业务的合规化、标准化，实现更好地管控，提升财务效率。

国内外企业实施共享服务的目标比较如表8-2所示。

表8-2　国内外企业实施共享服务的目标

国外企业实施共享服务的目标	国内企业实施共享服务的目标
提升总体业绩表现	实现标准化、流程化作业模式,使企业能够灵活地应对业务扩张以及市场的波动
提升财务服务质量	通过将基础职能与管理职能进行分割,将企业精力进行释放,从而聚焦核心业务
推动数据透明度	通过对选址进行合理规划、对业务流程进行再造,从而优化信息系统,实现人工成本的降低
转型到标准/预先设定的服务流程	帮助企业实现组织革命,加快企业的转型发展
提升财务内外部客户满意程度	建立企业知识库,帮助企业降低税务风险等风险

第二节　财务共享服务中心的建设

一、财务共享服务中心的框架与组织

(一)财务共享服务中心的框架设计

1.组织架构设计

公司经营战略、财务战略是设计财务共享服务中心的组织架构和进行组织变革的主要依据,财务共享服务中心的未来设计方向是以对共享服务中心的定位为依据而确定的。

在财务共享服务中心的组织架构设计中,首先要将主要的运营职责和管理职责明确下来,并对汇报关系予以明确,建立与其他组织的沟通机制,然后以运营职责和管理职责为依据设置与划分内部职能。

设置财务共享服务中心的内部职能架构,划分服务中心的内部职能,都要建立在明确组织职能的基础上,要尽可能保证工作量和技能要求的统一性,业务流程的通畅性。从内外两个角度可以将财务共享服务中心分为两个部分,一是业务运营;二是内部管理,这两个部分又各自包含不同的模块,如表8-3所示。

表8-3 财务共享服务中心的模块划分

财务共享服务中心		业务
业务运营	会计运营模块	（1）核算； （2）资金支付； （3）其他
	财务管理支持模块	（1）研究制定政策制度； （2）财务数据管理； （3）提供财务报表； （4）其他
内部管理	运营支持模块	（1）人员管理； （2）行政管理； （3）培训； （4）客户服务； （5）其他
	质量提升模块	（1）绩效分析； （2）内部稽核； （3）质量管理； （4）运营优化

2. 办公选址设计

办公选址设计这一环节相对比较简单,主要任务是选好办公地点。一般要求基于对职场成本、人才供应量、人力成本、网络通信环境等要素的综合考虑来选择。如果是跨国企业,那么当地的政治环境、自然环境、税收政策等也是必须要考虑的因素。此外,公司发展战略也是影响办公地点选择的一个重要因素。

从我国一些企业的财务共享服务中心的选址来看,有的企业选择在总部职能城市建立财务共享服务中心;有的企业在某些城市的后援中心建立财务共享服务中心;还有的企业选择在一线城市繁华地区建立财务共享服务中心,这主要是基于对人员稳定等因素的考虑而决定的。

3. 财务职责及范围设计

在财务共享服务中心财务职责及范围的设计中,需要先拆分原来的财务业务(如会计核算、财务数据及报表、资金管理、税务管理等),然后

上升到财务共享服务中心,形成新的财务业务职责范围。

拆分原来的财务业务时,需要从公司行业特点出发,重点贯彻以下几方面的原则。

(1)易获取:可集中获取数据或服务。

(2)规模化:业务量大且重复发生的业务。

(3)相对独立:客户面对面接触要求低。

(4)标准化:通过优化改造实现标准化的业务流程。

(5)自动化:自动化要求高,可以通过信息化建设实现跨区域作业。

(6)管控力:通过集中操作,有助于风险管控,强化总部管控。

4. 财务共享业务流程设计

在财务共享服务中心的框架设计中,业务流程设计是非常重要的一环,未来业务执行的效率和质量直接取决于流程设计是否顺畅,而且顺畅的业务流程也是财务共享服务中心信息化建设的基础条件,后期系统自动化投入的程度也直接取决于流程最初设计的流畅与完善程度。

设计财务共享服务中心的业务流程还需要处理好一系列相关问题,如明确职责、管控风险、提升业务处理时效、落实人员编制等。业务流程的设计也会影响前后端业务流程的改造,如果在业务流程的设计中对前后端的业务流程予以考虑,则能够使财务业务流程的实施更加顺畅,而且也会大大提高公司的整体经营效率。

设计财务共享服务中心的业务流程要遵循全业务、全流程及整合性等重要原则。

(1)全业务原则。

要完整考虑将原财务业务拆分后上收到共享中心的各类业务,确保没有任何一个问题点被遗留。

(2)全流程原则。

从业务发生的第一个事项开始直到事项结束都要纳入财务业务流程的设计中,考虑整个流程,没有任何一个环节被遗漏。

(3)整合性原则。

任何一个财务事项的发生都不是独立的,因此在财务共享业务流程设计中要从全局视角出发进行整体考虑,在集团各级机构有机整合各项核心财务流程、各个事项处理流程。

5.财务共享运营模式设计

在财务共享服务中心的组织架构中不可避免的要涉及内部管理方式,也就是财务共享运营模式。作为一个组织实体,财务共享服务中心的业务具有标准化、规模化等特点,为企业提供相关财务服务,是企业进行集中管控的一个重要手段。

从财务共享的特点来看,财务共享需要具备多方面的运营管理职能,在财务共享运营模式设计中要突出与完善这些职能,下面简单分析几项简单的职能。

（1）内部稽核管理。

财务共享服务中心内部构建与完善包括资金支付稽核、账务稽核、业务流程稽核等在内的内部稽核体系,以便于更好地提供对外服务,保证对外服务质量。

（2）标准化管理。

对可复制性的重复性工作制定统一标准和程序,将重叠机构和重复业务消除,促进财务共享服务中心工作效率与服务水平的提升。

在标准化管理中,要先制定标准、规范的管理流程,完善管理体系和重点管理流程的实施情况。

（3）绩效管理。

设定财务共享服务中心财务业务的整体目标,采用绩效管理法对绩效目标达成情况进行定期考核,保证服务中心的平稳运营。

（4）内部财务管理。

财务共享服务中心就像一个小规模企业,每年都会有成本投入和产出收益,因此有必要进行内部财务管理。

（5）人力资源管理。

财务共享服务中心的业务模式不同于一般企业的业务模式,因此在人力资源管理方面也要采用不同的方式进行管理。

在财务共享服务中心的建设过程中,一般要经历项目期、初建期和成熟期等几个不同的时期,不同时期要采取不同的人力资源管理策略。

需要注意的是,流水线的作业人员在单调重复的工作中容易感到枯燥、无趣,这会影响他们工作的持续性和稳定性,因此要特别注意对这类人力资源的管理,加强企业文化建设,开展团建和培训工作,稳定人力资源队伍。

（6）运营优化。

采用内部稽核管理、标准化管理、绩效管理等管理方式，能够发现财务共享服务中心运营中有关工作效率、工作质量的一些问题。对此，需要加强对业务优化机制的建立与完善，解决现实问题，促进财务共享服务中心运营水平的持续提升。

在财务共享服务中心的运营优化中，采用签订服务水平协议的方式能够对各项服务指标加以约束，促进指标的优化。此外，还需要建立运营评价指标体系，对财务共享服务中心的成熟度水平做出准确的评价。

6. 信息系统架构和实现方式设计

在财务共享服务中心的建设中，信息系统作为一个支撑性的基石发挥着重要的作用。如果离开信息技术，就不可能产生财务共享服务中心，财务共享服务中心的快速发展是建立在信息技术进步这一基础之上的。只有先建设信息系统，以此为依托建立财务共享服务中心，才能保障财务共享服务中心跨地域处理业务功能的实现，才能节约人力成本，提高工作效率，为企业创造更多的效益。

从整体视角而言，财务共享服务中心除了要有基本的核算系统外，还应该包括预算编制系统、费用控制系统、盈利分析系统以及用于决策支持的报表展示平台等，基于信息技术建设这些系统之后要在运营过程中不断升级改造、不断完善信息系统，提高各个系统的运作效率。

以上是财务共享服务中心的框架设计内容，对财务共享服务中心需要做什么和如何做的问题做了概括性的说明，并为具体任务执行细节地落实提供了指引。

（二）财务共享服务中心的组织定位

1. 财务共享服务中心在财务组织结构中的位置

财务管理模型中有三个层级的财务组织，其中财务共享服务中心属于第三层级，第一、二层级的财务组织分别是集团总部财务和成员公司财务。

有些企业的财务共享服务中心隶属于集团公司财务部，有的则与集团公司财务部平行，这是两种不同的组织形式，如图 8-7 所示。这两种组织形式的区别如表 8-4 所示。

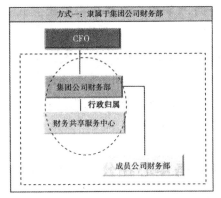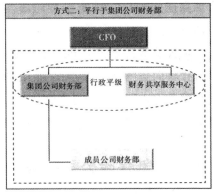

图 8-7 财务共享服务中心与集团公司财务部的行政关系

表 8-4 财务共享服务中心两种组织形式的区别

两种组织定位	隶属关系	平行关系
政策推行力度	强	弱
两部门协作关系	上下级关系	合作关系
共享服务中心汇报层级	多	少

不能片面地说表 8-4 中两种形式哪种好,哪种不好,只要是符合实际情况的财务组织形式就都是合理的、最好的。具体选择哪种组织形式,要从企业的发展战略、管理决策以及财务共享服务中心的发展阶段等出发来做决定。

在企业的财务组织架构中,如果财务共享服务中心隶属于集团财务部,则主要将工作汇报给财务部长,如果是作为独立部门与集团财务部平行,则直接汇报给财务总监。但无论是哪种组织形式,财务共享服务中心都具有会计核算职能,以便于将多维度财务数据信息及时准确地提供给集团公司,这对集团总部了解成员单位的财务状况十分有利。集团公司的财务部和成员公司的财务部具有财务管理职能,集团公司的会计核算职能与财务管理职能相分离,这是现阶段大型企业财务组织的一个发展趋势。

2. 实施共享服务后整体的财务职能情况

建立财务共享服务中心，并将其投入运行后，财务组织结构不会发生变革，只是会在各级财务组织之间重新分配财务职能，使集团总部财务、成员公司财务以及财务共享服务中心的职能界面更加清晰和一目了然。

集团总部财务、成员公司财务和财务共享服务中心都有自身的财务职能，但侧重点不同，各自在履行职能时并非孤立，而是相互协作，三者的协作关系如下。

集团总部财务：实行战略管理，制定管理目标、财税政策，对成员公司、财务共享服务中心的业绩执行情况进行监督。

成员公司财务：执行集团总部的财务政策，推进财务管理任务的落实，协助业务部门提升业绩，并配合财务共享服务中心的核算工作。

财务共享服务中心：执行集团总部的会计政策，对总部的经济活动加以记录，向集团总部和成员公司财务部真实反馈会计信息。

（三）财务共享服务中心的内部组织划分

传统财务部门的所有基础性工作都是由财务共享服务中心所承担的，但因为财务共享服务中心与传统财务部门的职能定位、工作模式有很大的区别，因此财务共享服务中心的组织模式也必然要区别于传统财务部门。在财务共享服务中心内部组织的设计中，需要以企业对共享中心的不同定位为依据构建相应的组织模式。财务共享服务中心的内部组织主要有以下几种模式和划分方法。

1. 按小组专业划分

财务共享服务中心内部的业务小组按专业分工，根据各自业务流程提供专业服务。各小组直接面向其客户，即本小组对应的业务单元的员工；各小组设一名负责人，负责所处理业务。另设置一个支持业务小组运行的独立小组。财务共享服务中心经理直接面向中心内部各小组而工作。这种组织模式如图 8-8 所示。

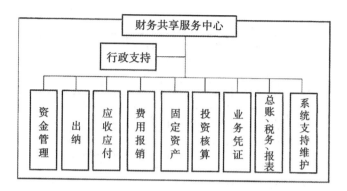

图8-8　按小组专业划分的组织模式

在贯彻专业化原则基础上采用的这种组织划分方式达到了很高的标准化程度,有利于人力资源利用率的提升,同时也使得培训工作更加简化。

这种组织模式的弊端在于容易忽视各业务小组之间的联系,组织间比较难协调,从而影响组织整体目标的实现。

2.按业务流程性质划分

在财务共享服务中心按照不同的业务流程性质划分下列4个业务团队。

结算组：负责资金操作活动。

核算一组：提供会计核算服务(费用报销、应付核算)。

核算二组：提供投资核算、固定资产、税金和报表等方面的服务。

支持维护组：提供财务系统机构、部门、人员等的维护,同时进行知识管理和呼叫中心的基本运营。

另外,上述业务单元的运行还需要有一个专门的行政小组提供支持。财务共享服务中心经理面向内部各业务团队的负责人而工作,如图8-9所示。

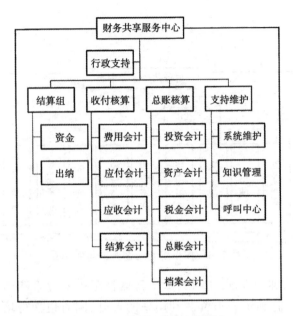

图 8-9　按业务流程性质划分

3.财务共享与 IT 共享并行模式

财务共享与 IT 共享并行模式中,两个团队的职能如下。

财务共享服务团队:为业务单位提供结算、核算和报表服务,其组织结构与按业务流程性质划分的组织模式相同。

IT 共享服务团队:为公司提供 IT 服务。

另外,设一个行政支持小组。财务共享服务中心经理直接面向中心内各团队和小组而工作,如图 8-10 所示。

上述三种组织模式各有利弊,都有各自的优势和适用范围,也有自己的不足与缺陷,所以不能笼统地判断它们的优劣和好坏。要构建哪种内部组织结构模式,需要以共享服务的战略结构和战略职能为依据来决定,但无论选择哪种模式,都要保证在企业成本和客户满意之间达到一种恰到好处的平衡。如果置客户边界全然不顾,只依照业务职能进行内部组织划分,虽然能够将财务共享服务的规模、成本以及效率等方面的优势体现出来,但个别客户的个性需求则很难得到满足,客户满意度会受到严重影响。而如果按照客户边界进行内部组织划分,虽然能够提升客户满意度,但会失去成本、效率方面的优势。所以,财务共享服务中心内部组织结构的划分方式要通过战略结构定位(区域性共享中心还是全球性共享中心)和战略职能定位(内部职能部门还是财务外包服务公司)来决定,定位不同,选择自然不同。

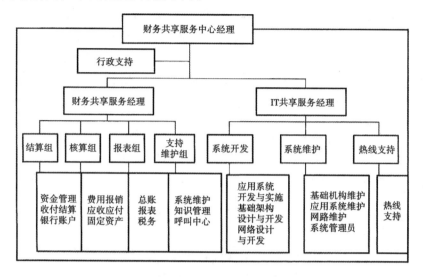

图 8-10 财务共享与 IT 共享并行模式

需要注意的是,以上几种组织模式在组织模式的构建与选择中,除了要考虑战略定位外,还要对服务对象的业务特点、财务共享服务中心的发展阶段及业务范围等因素加以考虑,在综合考虑的基础上选择最合适的组织模式,这有助于控制成本,提升服务质量。

二、财务共享服务中心的业务流程建设

(一)财务共享服务中心的业务流程建设目标

一般来说,进行财务共享服务中心的业务流程建设主要是为了实现以下重要目标。

1. 实现组织的扁平化和财务信息共享

在财务共享服务中心的业务流程管理中,流程再造是一个核心环节。它是从根本上对企业财务流程进行再思考和再设计的一个过程,最终要达到的目的是提升企业的绩效,主要从降低成本、提升质量、优化服务和加快速度等方面落实。

通过流程再造,在企业内部建立新的管理模式,新模式以流程为中心,解决传统金字塔结构模式下存在的一些弊端与问题,如层级繁多、条块分割、效率低下等,将部门间的壁垒打破,促进部门间的横向交流与协助,去除不必要的管理层次,实现企业的扁平化管理目标。

在打造企业组织扁平化架构的同时,在流程再造过程中纳入信息共享,打破平行部门间的条块分割,解决信息闭塞、孤立和不对称的问题,通过流程化管理保证从源头开始一次性输入企业所需的关键信息,采用统一的方法加工、存储这些数据信息,然后企业各部门经授权即可自由使用,充分实现数据共享。

2. 其他具体目标

进行财务共享服务中心的业务流程建设除了要通过流程再造实现上述目标外,还要实现以下具体目标。

第一,建立通畅的企业资金链周转机制,防止资本闲置,提高资本利用率,畅通资本运转流程,有效管理应收款,促进企业效益的提升,保证企业财务目标的实现。

第二,对企业财务职能进行优化整合,强化企业资本投资决策,完善对资本使用的控制职能,促进企业财务能力的提升。

第三,促使企业盈利能力与偿债能力的统一和共同提升,减少二者之间的冲突。

(二)财务共享服务中心的业务流程建设原则

建设财务共享服务中心的业务流程,要认真贯彻以下几项重要原则。

1. 从企业战略角度出发的原则

财务共享服务中心的业务流程建设中,作为核心环节的流程再造是一种非常重要且有效的企业管理方式,采用这一管理方式与手段能够促进企业战略目标的实现。企业长期可持续发展的战略需要是流程再造的根本动力和出发点。企业管理者要站在战略发展的高度对流程再造加以推动,在流程再造过程中创造有利条件,提供所需资源。

2. 以人为本原则

进行财务共享服务中心的业务流程建设要贯彻以人为本的原则,使个人的能动性与创造力得到充分发挥,使员工在每个流程的业务处理中有效合作,鼓励员工创新,提高工作效率。

3. 以企业的资金运动轨迹为主线的原则

企业的经营活动是包含企业资金筹集、资金周转、资金分配、资金循环利用等一系列环节的系统复杂的过程。通过财务流程再造,要建立顺畅的资金周转机制,提高财务管理效率,降低财务风险,保证资金周转的正常、高效和安全。

4. 以为顾客创造价值为目标的原则

在财务共享服务中心的业务流程建设中,识别哪些流程对顾客有增值作用,哪些没有增值作用,对增值性流程加以重组,将非增值性的流程剔除或简化,以此促进企业财务流程的优化和运作效率的提高。

5. 风险控制原则

建设财务共享服务中心的业务流程,还要防范与控制企业财务风险。财务风险是企业未来财务收益的变动性以及由此引起的丧失偿债能力的可能性。有效控制集团各个分公司的财务风险,便能够使集团总部的财务风险得到很好的控制。

对于有较多资本市场业务或投资、并购频繁的企业来说,财务风险控制尤为重要。在企业财务流程再造的过程中,要纳入风险识别、风险评估、风险预警以及风险应对等工作内容。必要时,在财务流程管理中应将财务风险控制作为一项核心内容予以重视。

(三)财务共享服务中心的业务流程建设步骤

1. 业务流程分析

财务共享服务中心业务流程包括中心自身的运营流程以及各业务中心业务改变后的流程。在流程建设中,要充分考虑实际业务的可操作性,财务共享服务中心运营的绩效与流程的优劣直接挂钩。

财务流程分析的目标主要是通过客观、理性地分析,寻找再造的关键财务流程,并分离基础业务流程与管理决策流程,实现分级管理。分析的内容包括现有财务业务流程的客户需求,流程运行中消耗的资源,内部风险控制,流程的稳定性测试,流程再造的投入产出对比。

2. 业务流程的优化及重构

业务流程的优化及重构是指对现有流程进行分析的基础上,系统创建和改造提供所需产出的新财务业务流程。必要时,企业可能会针对一些新的业务和现有业务从"零"考虑产品或服务的提供方式,设计新的业务流程。系统改造有利于改进企业的短期绩效,不易干扰组织的正常运营。创建新流程的风险较低,但随着时间推移,绩效的可改进程度逐渐降低。

系统化改造现有流程是为了使企业通过优化业务流程更快速、高效地提升顾客响应速度与满意度。流程优化的核心是为"顾客增加价值"。所以,"消除非增值活动与调整核心增值活动"是改造现有流程的焦点,这主要通过清除现有业务流程中无法为顾客提供价值的行为中体现出来。

由于企业集团规模大,部门众多,业务复杂,在经营活动中经常有些行为是与为顾客提供价值没有直接关系的,这就造成了资源浪费和效率降低。清除这些行为是系统化改造的第一目标,在流程重构中,要尽可能消除或最小化那些无价值的行为,前提是不会给组织带来负面影响。

将企业经营活动中没有价值的行为清除后,企业应该从宏观发展战略和长远发展目标出发,简化与整合现有的业务流程,以便使企业业务运作更加流畅,使顾客需求得到更好的满足。系统化的流程改造中还要应用信息化技术推动整个业务流程的自动化,进一步促进业务流程运作效率的提升和质量的改善。

3. 逐步完善业务流程

财务共享服务中心的业务流程管理是持续性的,流程管理过程中要及时了解企业战略决策的变化、组织结构的更新,了解企业拓展了哪些新的业务领域,要顺应企业的新发展。这就需要在业务流程建设中进行内部持续优化机制的建立,从而持续评估、改进业务流程,持续提升业务质量,与企业的战略目标、业务拓展方向保持高度的一致,防止因业务流程管理不及时、不到位而影响财务共享服务质量。

在持续改进财务共享服务中心业务流程的过程中,要注意对业务流程细节的改进,必要时采取流程再造的方式来改进业务流程。不管采用哪种改进方式,都要根据企业整体的战略决策去明确改进的目标,兼顾成本与效率,满足合规性要求。

对财务共享服务中心业务流程的持续改进以及对管理团队的专业能力都提出了非常高的要求,管理团队不仅要熟练掌握流程变革的技能,还要具备创新意识,而且必须信念坚定、洞察力敏锐,管理团队内部要合理配置,充分发挥每个管理人员的作用,从而持续地提高效率。

（四）财务共享服务中心业务流程的科学实施

分析并重新规划设计财务共享服务中心的关键业务流程后,必须进一步推进和执行,防止只是进行形式上的流程管理。如果不执行新的业务流程,随着时间的推进,企业的发展发生一些变化,具有即时性的流程方案就失去了有效性。因此,完成流程设计后,必须及时有组织、有计划地推进流程的实施。一般情况下,财务共享服务中心业务流程的实施需要经历下列几个步骤与环节。

1. 组建团队

财务共享服务中心业务流程的实施与推广需要高层领导的大力支持,因此要组建一支包含高层领导在内的实施与推广团队,团队中还应该有一定数量的财务工作者与业务骨干,这些成员要满足有很强的业务能力、丰富的业务经验和一定的创新能力的要求。

2. 选择试点流程

实施与推广业务流程时,可以先从一个分支单位入手,选取具有业务代表性的部门当作试点,选取的部门要具备流程实施成功率较高、流程管理效果显著等条件,这样更有利于顺利实施业务流程,减少阻力,对流程反馈信息的获取也比较及时。

一般来说,财务共享服务中心中适合作为试点流程的是费用报销流程和应付流程,适合作为流程试点单位的是集团主要分公司。

3. 实施总结

试点过程是一个复杂的过程,在这个过程中要不断发现问题、解决问题和调整方案,流程推广团队需要向业务前端不断深入,及时了解试点中存在的问题,找到问题成因,提出解决问题的有效方案。同时,试点团队要随时与领导保持沟通,第一时间汇报试点进度情况,整体把控流程实施过程。

财务共享服务中心的业务流程实施中,财务核算流程是主要聚焦点,在该流程的实施中,要对财务核算者的信息反馈及时了解,也要对客户的感观和意见有充分的了解,听取客户的合理建议与意见。

4. 逐步推广

在业务流程的推广实施中,要制订推广计划,并分阶段落实计划。财务业务流程的实施和推广并不是一帆风顺的,在这个过程中必须加强对人员的培训,讲清楚流程调整后与原流程的区别,减少人员的抵触情绪,使相关工作者了解新的流程,并积极配合流程推广。同时,高层领导也要在恰当的时机用合理的方式将业务流程再造的意义和价值讲述给员工及合作伙伴,以便能够积极推动流程的落实。

在业务流程的实施过程中,要保证业务流程设计方案的有序推进,并在实践中检验业务流程设计方案的科学性与合理性。在全面推广流程的过程中,对相关信息进行搜集和汇总,多维度分析流程的实施绩效,包括时效、质量、成本等,进而不断优化业务流程。

总的来说,财务共享服务中心业务流程的建设与实施是密不可分的,流程的设计、实施配合以及持续优化是一个连贯的过程,各个环节密切衔接,缺一不可。图 8-11 能够帮助我们直观清晰地了解财务共享服务中心业务流程的设计与实施过程。

三、财务共享服务中心的运营

(一)财务共享服务中心的运营模式

财务共享服务中心的运营模式主要有基本模式、市场模式、高级市场模式与独立经营模式四种,如图 8-12 所示,由图可知这四种运营模式呈鲜明的递进关系。下面具体分析这四种运营模式。

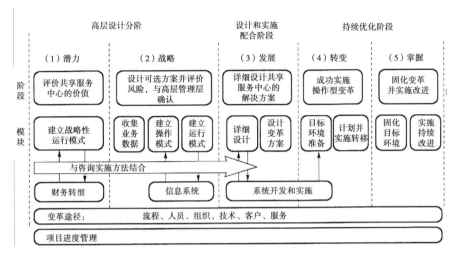

图 8-11　财务共享服务中心的业务流程设计与实施

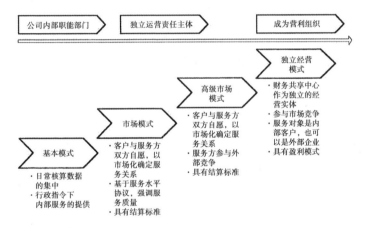

图 8-12　财务共享服务中心的运营模式

1.基本模式

财务共享服务中心的基本定位是企业内部的一个职能中心,其主要为成员单位提供基础会计核算、财务信息的数据加工等跨组织、跨地区的专业支持服务。按照基本模式建立财务共享服务中心,主要通过合并和整合日常事务性会计核算来处理资金经营活动,消除冗余,实现规模经济,最终实现降低成本和流程规范化的目标。基本模式下的财务共享服务中心着重强调流程的标准化、组织的灵活化、分工的专业化和能力的核心化。

2. 市场模式

基于基本模式发展起来的市场模式摆脱了原先内部职能部门的定位,重新定位财务共享服务中心,即独立运营责任主体。财务共享服务中心作为虚拟的经营单位,其服务不再是托管的,由接受服务的客户全面掌握决策权。这种模式下的财务共享服务中心要不断优化业务流程,根据业务流程与标准提供服务,提升服务质量和服务的专业化水平。

3. 高级市场模式

财务共享服务中心在高级市场运营模式中有更加突出的外向型特征,该模式下的财务共享服务中心面临的外部竞争更多,服务对象的自主权更大,客户可以在现有的多个共享服务机构中进行选择。当客户认为内部共享服务机构的服务数量或质量不能满足自身需求时,就会自由更换,甚至从外部购买所需服务。

采用高级市场运营模式主要是为了引入竞争,向客户提供、推荐最有效率的供应商,供客户进行决策选择,最终促进内部财务共享服务中心服务的优化和客户满意度的提升。

4. 独立经营模式

依照独立经营模式建立的财务共享服务中心作为独立经营实体而运作,其定位是"外部服务提供商",不仅向企业内部提供产品和服务,而且向外部客户提供服务。财务共享服务中心凭借其专业知识、专业技能以及第三方外部服务机构、外部咨询机构等展开竞争,服务收费随市场变化。

该模式下的财务共享服务中心改变了过去的"成本中心"局面,转型为"利润中心"。随着互联网、云计算等现代技术的广泛应用,财务共享服务中心的非核心业务"众包"模式也逐渐被认可和采用。

(二)财务共享服务中心的运营管理

财务共享服务中心的运营管理涉及诸多方面,下面重点分析运营中的目标管理、知识管理、人员管理、质量管理、绩效管理以及风险管理,通过全方位的管理,促进财务共享服务中心的顺利运作,提高服务质量。

1. 财务共享服务中心运营的目标管理

对于任何一个人来说，都是先有目标，才确定了自己的工作，而不是先有了工作以后才有了目标。对企业来说也是如此，企业明确自己的使命，确定自己的任务后，要将此转化为奋斗的目标。每个领域都必须要有明确的目标，否则很容易忽视这个领域的工作。企业管理者行使管理职能时也是参照明确的目标来管理下级的。当组织最高层管理者将组织目标确定后，必须对其进行有效分解，分解为各个部门的分目标，各部门管理者依据分目标来展开考评工作。

确定财务共享服务中心的目标之后，可以对共享服务中心组织活动成效的标准进行估量，为绩效管理奠定基础。目标明确后，财务共享服务中心的努力方向也就明确了，也将清楚哪些领域有待改进。因此，必须为财务共享服务中心确立明确统一的目标，并将该目标贯穿于各项活动中，具体的活动要参照统一目标分解后的若干子目标而开展，各个子目标之间相互联系、相互影响。一般来说，在财务共享服务中心的不同发展阶段所确立的目标各有侧重。

独立经营模式下的财务共享服务中心作为独立运营单元，要为不同成员单位提供相应服务，其需要确立以下几方面的总体目标。

第一，降低财务共享服务中心的运营成本。

第二，提高财务共享服务中心的业务处理效率。

第三，优化财务共享服务中心的会计信息质量。

第四，满足财务共享服务中心所服务客户的需求。

2. 财务共享服务中心运营的知识管理

财务共享服务中心是一个以财务业务为基础的、从事共享服务的组织，其或隶属于集团财务部门，或与集团财务部门平行。无论是哪种组织定位，在运营中都要建立知识体系，而且建立过程中都会受到相似因素的影响，如专业服务知识因素、服务技能因素等。在知识体系的建设中，要从以下两方面加强知识管理。

（1）知识管理组织。

一般情况下，知识管理组织可以设立在整个财务共享服务中心。该组织主要由下列三个层次组成。

①推动层。财务共享服务中心的管理层一般就是知识管理组织的

推动层。推动层在知识管理组织中主要发挥落实知识管理的作用，使财务共享服务中心整体上注重知识管理，形成良好的管理氛围。在知识管理的整个过程中，推动层的工作量虽然是比较少的，但所起的作用却是具有决定意义的。

②支撑层。在知识管理组织中，支撑层是核心部分，在知识管理中是以全职身份参与工作的。一般要以财务共享服务中心的规模为依据来设置支撑层的具体人数，其中必须要有一位知识经理，而且必须是全职身份。知识经理的主要职责是设计整个知识体系的运作流程，监管流程的实施，并在知识管理中承上启下。

③执行层。通常而言，知识管理组织中的执行层是由各个项目的基层人员组成的，他们以兼职身份从事工作。知识管理的实施面向的是财务共享服务中心的所有员工，与员工所处的基层环境息息相关，脱离基层环境，就无法落实知识管理。因此，知识管理组织中的执行层应该由各个项目的基层知识经理组成，这将有效推动知识管理的落实。执行层知识经理的主要职责是与项目成员共同执行上层知识经理分解下来的任务。

知识管理组织中的以上三个层次缺一不可，这对建设财务共享服务中心知识体系具有重要意义，也能够为之后的组织管理工作打好基础。

（2）建立知识数据库。

建立财务共享服务中心的"知识数据库"，就是对其中的内部数据、档案、文件加以筛选、分析，然后进行融合，并在内部数据库中加以存储，使其成为可用的知识。这是对财务共享服务中心的内部知识进行系统化改造与利用的一个重要手段，便于每位成员从数据库中快速查阅和获取知识。员工也可以通过一些渠道对这些系统化的知识进行分享与传递，常见渠道主要有会议、教育训练、公布栏等。

3. 财务共享服务中心运营的人员管理

财务共享服务中心以标准化的基础业务为主要工作内容，组织内部专业分工明确，员工数量众多，人员年轻，共享服务中心的管理者常常会思考如何吸引合适的员工？如何使员工尽快适应环境，承担岗位职责？如何使员工发挥最大潜能？如何保留核心员工？等等。加强对财务共享服务中心的人员管理能够帮助管理者找到这些问题的答案。

在人员管理中，人员选拔与培训是非常重要的两个环节，下面重点对此进行分析。

（1）人员选拔。

财务共享服务中心是基于财务业务从事共享服务的组织，作为集团企业内包中心机构，人才选拔比服务外包集团企业更严格，因此人员选拔要考虑专业知识、服务技能等因素。财务共享服务中心组织中优秀的从业人员需要具备多种素质，如图8-13所示。在人才选拔中要从这些素质着手来考核，提高门槛，保证人才质量。

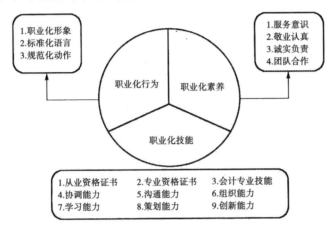

图8-13　财务共享服务中心从业者的基本素质

（2）人员培训。

人员培训的目的是对从业人员进行专业化分工，促进工作内容的标准化，培训可以保证工作产出的一致性，保证稳定的服务水平。财务共享服务中心的人员流动率相对较大，而完善培训体系有利于新员工在短时间内适应岗位；有利于提高士气，让员工对未来发展空间抱有期望；也有助于保留内部核心员工。

财务共享服务中心需要建立一个系统的、与业务发展及人力资源管理配套的培训体系，如图8-14所示，其中主要包括培训管理体系、培训课程体系以及培训实施体系。

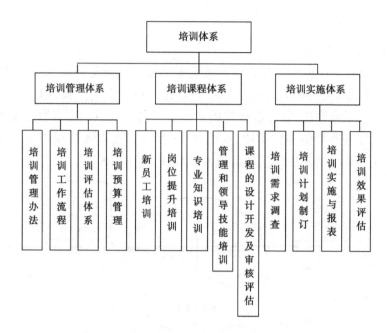

图 8-14　财务共享服务中心人力资源培训体系

4. 财务共享服务中心运营的质量管理

企业实现财务共享后,业务规模和市场份额不断扩大,此时企业的信用需要以会计质量为保证。要使财务共享实现可持续发展,就要对财务共享业务的质量进行管理,对质量风险进行控制,促进财务共享服务效率的不断提升。

(1)质量检查流程。

财务共享服务中心的质量检查流程如图 8-15 所示,重点检查各个职位的工作人员是否按操作规范及标准开展工作,通过质量检查促进员工质量意识的强化,使各项作业成果尽量都符合质量标准。

(2)全面质量管理。

在财务共享服务中心运营的质量管理中,要树立全面质量管理理念,对全面质量管理体系进行构建。全面质量管理就是一个组织以质量为中心,以全员参与为基础,目的在于通过让客户满意和本组织所有成员及社会受益而达到长期成功的管理途径。

财务共享服务中心的全面会计质量管理工作主要从下面三个方面展开。

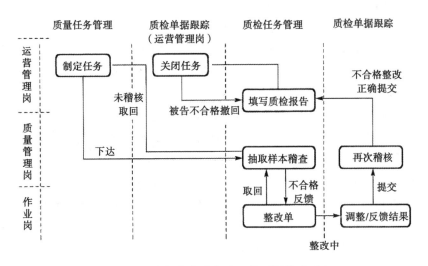

图 8-15　财务共享服务中心的质量检查流程

①建立标准。在质量管控机制的构建中，要以岗位质量责任制为基础。财务共享中心将合规的资产业务以及合法的审核业务提供给各部门和分支机构，并要保证所提供的服务达到了相应的标准，提高服务质量。

一般来说，正确性、及时性、灵活性是财务共享服务中心服务质量标准的三个主要方面。除了要对服务标准予以明确外，财务共享服务中心还应该有专门的人员从事对服务标准是否落实进行监督检查的工作，具体从账务核对、合规性检查等方面开展监督检查工作，通过服务质量自查来提高服务质量管理成效，不断优化服务质量。

在服务质量自查的工作计划中还要将对账检查的工作标准明确下来，参照日常审核情况来明确规定工作时限、对账检查标准及结果汇报路径等，这样对工作者更好地开展服务质量督查工作具有明确的指导意义。

②过程控制。将服务质量标准和质量管理计划明确，并且将服务管理质量标准确定下来后，要采取科学有效的方法去实施计划，落实质量标准。在此环节中，财务共享服务中心既要面向管理者开展监督检查工作，又要面向客户提供单据审核服务，这些工作都是以保障质量达标、提升服务、控制风险为目的的。

在执行服务质量管理计划的过程中，要确定具体的计划落实方案，根据需要分解计划，将不同部门、人员的责任界限、职责分工明确下来，从而促进质量管理计划的高效实施。

③持续改进。主要包括监督管理和总结改进两个方面的工作。执行计划结束后,检查执行效果,分析执行过程中遇到的问题及原因,最后总结计划执行结果。

财务共享服务中心应该安排专门人员从事质检工作,抽查相关作业人员对其工作成果进行质检,将检查结果纳入员工绩效考核指标中。

对于质量检查中存在的问题要尽快总结和处理,同时也要总结成功的经验,并加以传播和推广。解决问题时,可对照计划去梳理,判断问题的性质和严重程度,从多种解决方案中找到最佳处理方案去解决问题。这次计划中遗留的问题或没有完成的目标,放到下一个全面质量管理计划中去解决,争取达成未完成目标。

5.财务共享服务中心运营的绩效管理

财务共享服务中心运营的绩效管理将从制订绩效计划、执行绩效计划、绩效考核三个方面展开。

(1)制订绩效计划。

实施绩效管理的过程中,制订绩效计划是第一步。财务共享服务中心要层层分解已经确定的战略目标,在每个具体岗位上落实各个目标,然后进行岗位分析,将各个岗位人员的工作职责、工作目标明确下来,财务共享服务中心的管理者和成员共同参与目标分解和确定岗位目标的工作。明确的工作职责与目标又是对绩效计划进行制订时的主要参考依据,只有将岗位员工的责、权、利明确下来,才能在计划中进一步明确不同岗位人员在考核绩效周期中做什么、何时做完以及完成程度等问题。

财务共享服务中心各个员工的个人绩效计划需要由员工的直接上级制订,员工本人也要参与进来,并承诺完成计划中的各项内容,这样才能提升员工对个人绩效计划的认可度,才能使其更加自觉地执行计划,并认真完成任务,达到目标。

制定财务共享服务中心绩效目标时既要考虑现实情况,又要考虑可能发生的变化,当发现很难实现预期目标时,就要分析原因,并对绩效目标进行调整,确保目标是切实可行的,是经过努力可以实现的,而不只是主观上希望达到的结果。

（2）执行绩效计划。

在绩效计划的执行过程中，最关键的是做好绩效沟通和绩效辅导的工作。

①绩效沟通。管理者要经常性地监督和检查员工的日常或阶段性工作成果，及时与员工沟通工作内容和精度，了解员工工作中遇到的难题，给予必要的支持和帮助，包括物质上的支持、精神上的支持以及其他方面的帮助。若发现员工的绩效计划实在无法执行下去，就要及时调整，在整个绩效管理的过程中都可以根据实际情况去调整计划和目标，使之符合现实情况。

②绩效辅导。在绩效计划的实施过程中，管理者要转变为辅导者的角色以发挥重要的辅导作用，持续辅导员工，保证每个员工的工作都与组织的战略目标相契合，通过辅导促进员工工作能力和绩效水平的提高。

（3）绩效考核。

绩效考核是绩效管理过程中最艰难的一个环节。绩效考核要根据评价的对象、工作性质、工作特点的不同而区别对待。比如，高层和一般操作类员工由于各自管理的范围和承担的责任不同，采取的绩效考核方法也要有所区别。

财务共享服务中心不能只是一味采用单纯的 KPI 绩效考核，特别是对于共享服务中心从事管理以及财务共享服务的技术支撑人员不适合采用这种考核方式，而采用全方位绩效考核法更为合适。

全方位绩效考核法是一种从不同角度获取组织成员工作行为表现的观察资料，然后对获得的资料进行分析评估的方法。直接上级、同事、下属、顾客以及员工本人都要参与绩效评价。这种考核方法包含外部评价、内部评价等多维评价来源，评价结果更全面、客观，特别适用于需要为企业内外多部门、多利益方提供服务的财务共享服务中心的绩效考核中。此外，全方位考核避免了员工只在意自身绩效的情况，能够积极促进团队内部成员间的沟通合作和知识共享，最后对提高共享服务中心的整体绩效具有重要作用。

6. 财务共享服务中心运营的风险管理

财务共享模式改善了传统财务管理模式的弊端，提高了集团管控水平，加强了企业应对风险的能力。但是实施财务共享也会面临诸多变革性问题,如组织结构调整、财务人员转型、财务业务工作流程重构等,这就使得财务共享实施中充满风险。

财务共享实施风险指的是集团企业实施财务共享时所带来的与预期目标差异的可能性,这种可能性会使目标无法实现,如实施后将导致成本上升、财务业务处理效率下降、无法开展财务业务工作、人员流失、财务服务不被客户认可等,最终导致实施失败。

具体来说,财务共享服务中心运营过程中的常见风险主要有六种类型,如表 8-5 所示。

表 8-5 财务共享服务中心运营的风险类别

财务共享服务中心运营的常见风险	风险表现
战略规划风险	1. 风险认识不足; 2. 计划准备不足; 3. 业务范围界定不合理; 4. 选址地点不当
组织管理变革风险	1. 组织内部冲突; 2. 业务变更不适应; 3. 组织结构调整不适当; 4. 制度制定不合理
系统建设风险	1. 系统集成与整合能力不足; 2. 系统设计不合理; 3. 系统支撑力薄弱; 4. 系统安全和稳定性不足; 5. 数据的共享风险
流程变革风险	1. 流程标准化统一与设计不合理; 2. 新旧流程衔接不顺畅; 3. 流程执行不力; 4. 新流程应变力不足; 5. 流程运转风险; 6. 票据流转风险; 7. 流程优化风险
人员变革风险	1. 人员变动抵触; 2. 人员发展不合理; 3. 人员工作性质枯燥; 4. 人员沟通难度大; 5. 缺乏数据敏感性; 6. 人员操作风险
税务法律风险	1. 税务稽核难度大; 2. 税务政策反应不及; 3. 税收政策选择风险; 4. 法律法规风险

下面具体分析表8-5中六种财务共享运营风险的防控策略。

（1）战略规划风险防控。

企业高层要对财务共享服务中心建设后的运营优化给予重视，增强风险意识，切忌急功近利，任何一项变革的实施都要循序渐进。管理者要从企业战略目标出发客观评估运营情况，并根据企业发展现状不断优化与完善财务共享服务中心的运营机制。

（2）组织管理变革风险防控。

防控财务共享服务势必给企业带来新的组织架构，集团企业需要对新组织架构中的角色和职责重新进行定义，明确各个流程的负责人及其相应的职责，对组织管理标准进行制定与完善。

（3）系统建设风险防控。

集团公司在系统建设方面要考虑技术架构如何支持财务共享服务目标，在财务共享服务中心的管控中要特别注重建设与维护数据库，对数据处理的模型和数据保护方法进行研究，使数据更加安全。

（4）流程变革风险防控。

流程再造是财务共享服务中心的核心，为了更好地进行流程变革，企业要从业务影响和回报出发来排列流程变革的先后顺序，优先变革重要的流程。此外，企业应根据成本、其他比率等基准信息发现低效的流程及标准化机会，优化低效的流程，还要对现有技术和架构能否支持不同流程进行评估，从而使财务共享服务中心的运营更加顺利。

（5）人员变革风险防控。

基于新的组织架构和流程，集团企业应对新的岗位及职责进行制定和明确，并在新业务模式下做好制定薪酬体系、加强人才培训、完善考核晋升机制等一系列工作。此外，还要发现员工的职业技能缺陷与职业素质问题，发现现有职业素质与所要求的标准之间的差距，从而有针对性地培养人员的专业素养，为企业建设优秀的专业人才队伍。

（6）税务法律风险防控。

集团企业可以建立柔性税务管理平台，建设税务法律队伍、税务法规知识库，获取外部税务机关、税务咨询机构以及行业税务法规等最新信息，并及时补充到税务法规知识库中。同时企业内部税务管理人员也可以及时维护、发布相关税务管理的操作制度及规定，实现税务管理事前预警。此外，还可以通过税务管理平台建立税务风控模型，对税务风

险进行及时预警,向财务管理人员提供重要信息,将其作为风险管理的参考依据,及时检查税务风险,思考规避策略。

第三节　财务共享模式下的业财融合

移动互联网信息技术的发展与普及,逼迫企业经营者通过数字化信息迅速发现经营问题,并做出经营决断。传统财会工作难以承担渗透到企业的业务领域,产业与财富的融合也势必给新时期的企业管理者带来思想的创新。

近几年来,业财融合是财务转型阶段被财务界热议的话题,业财一体化成为企业信息化建设的重点。ERP 系统的普及,给业财一体化的实现提供条件。但 ERP 系统偏重以财务为核心,信息化也更强调"管控",这导致业财一体化项目往往不重视对业务的赋能。同时,信息化时代的企业管控更强调流程化作业,相对比较固化。因此,ERP 系统重点是保证经营计划的合理性、业务流程的稳定性和财务数据的准确性。

很多企业内部经营活动可能远离外部市场,使得业务部门普遍缺乏经营活动分析能力。财务智能化可以促使 ERP 系统赋能业务,导致大部分企业经营活动实现业财一体化和财务共享核算,也可能丰富经营分析的功能。加之信息化时代的系统建设采用项目制,系统上线项目团队就地解散,也在一定程度上导致企业智能化管理和业财一体化项目的自我进化。

一、业财融合面临的挑战

数字化时代的新挑战主要体现在人才、流程、技术和信息四个方面。

(1)人才。数字化复合融通型人才,使管理会计人才的培养成为迫切的需求。

(2)流程。业财一体化流程的智能场景应用,推动财务管理智能化升级和一体化建设。

（3）技术。智能新技术的应用要求财务人员要打通 IT，建立财务 IT 翻译器职能，财务信息化管理要专业化、常态化。

（4）信息。业财融合信息快速实时响应，利用数据建模进行预测，打通数据资产中心的变现渠道。

"大智移云"时代需要复合型、流通型的人才。这要求不只是要清楚业务和财务，更重要的是要使智能化财务信息系统明白什么样的业务场景造就了什么样的智能财务数据、流程和信息。数据和信息是核心竞争力，那技术和流程也成为企业管理的核心要素，信息需要无缝衔接，实现高效敏捷的流转，这时候的全流程必然是业财融合全流程，数据资产也要在全流程内发挥价值。

二、业财融合的含义

面对新时代的新挑战，业财融合的含义也正在发生变化。从字面意思上简单来说就是：财务要懂业务，业务要懂财务，要融为一体，要互相参与。从前面提到的业财融合的关键因素来看，最好的方式就是将财务和业务放在同一流程上进行财务核算，共享同一数据和系统，可以促进数据共享和统一财务指标。在思维方式和工作方法上智能化可以促进业务与财务进行彻底的融合。当财务流程打通的时候，这就要求所有人的思维方式实现智能化方向，应该从业财融合方向去建立财务共享中心，也就是说业财融合是一种共享思维方式，需要顶层设计来推动的思维方式。这一切清楚地表明了业财融合是一个生态，在这个生态中存在多种多样的场景和不同价值链上的节点和活动。对业财融合的理解是一个不断探索的过程。重新认识业财融合就需要建立业财融合的生态观是顶层设计，也是基础架构；是管理理念，也是工具方法。

业财融合绝对不只是业务和财务的融合，而是要打通企业全场景的生态链，将财务管理方式和人员融入业务活动，需要实现业务财务数据、业务处理流程和信息系统的全面共享融合，以提升企业应对复杂多变环境的能力，实现高效敏捷决策。利用大数据分析这种高效敏捷的系统将员工劳动生产力解放出来，释能业务经营活动，从而更好地进行管理赋能。

实现业财融合的关键是数据、流程和系统的全面共享融合，如图 8-16 所示。

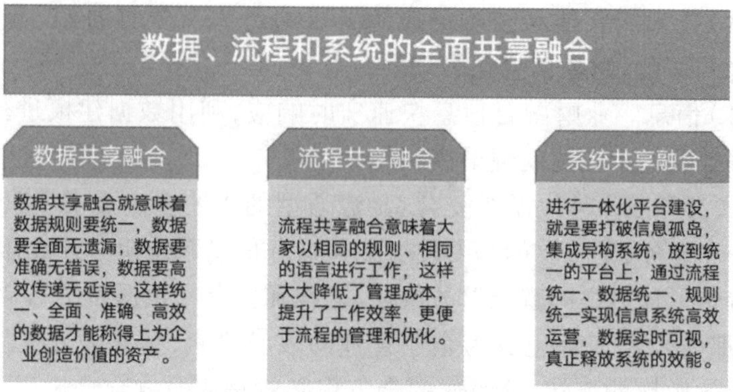

数据、流程和系统的全面共享融合		
数据共享融合	**流程共享融合**	**系统共享融合**
数据共享融合就意味着数据规则要一，数据要全面无遗漏，数据要准确无错误，数据要高效传递无延误，这样统一、全面、准确、高效的数据才能称得上为企业创造价值的资产。	流程共享融合意味着大家以相同的规则、相同的语言进行工作，这样大大降低了管理成本，提升了工作效率，更便于流程的管理和优化。	进行一体化平台建设，就是要打破信息孤岛，集成异构系统，放到统一的平台上，通过流程统一、数据统一、规则统一实现信息系统高效运营，数据实时可视，真正释放系统的效能。

图 8-16　业财融合的关键

首先，企业的业务、财务基本数据要融合，确保提供供应商主数据，充分分析客户主数据，了解人力资源主数据，实现统一设立人岗匹配规则，建立全业务流程的统一标准。其次，流程也是共享融合的。在实务中，业财融合流程取决于企业发展的阶段，但是终极目标都是要穿透到最前端的业务流程，穿透上下游供应商和客户，穿透产业链。最后，系统的共享融合对组织和流程的融合能形成很好的助力，核心仍然是要形成数据流程系统的合力，为组织变革和管理提升赋能。

三、数字化时代业财融合系统方案

（一）实现财务流程和业务流程同步化

再造公共服务类企业的财务流程与业务流程的契合关系，通过业务发生与财务核算的高度匹配和及时融合，实现前端业务流程的网络化，解决业务流程和财务流程之间的脱节现象。例如，在经济业务发生时，首先处理解决实时业务凭证数据，以原始为依据，自动生成记账凭证、财务账簿和会计报表，实现业务信息和财务信息在业财融合中的一致性、同步性和完整性。

（二）统一数据标准和业务系统软件

按照财务管理要求结合企业现有的信息化基础，制定规范化、统一化的基础设置规范,实现各业务板块财务数据的标准化。数据标准化将为实现多组织的数据集中管理和分析奠定良好的基础。同时,整合各业务系统软件,实现同一板块业务系统的统一。在数据标准和各业务系统软件统一后再将业务系统与财务系统对接融合。通过规范的管理流程,制定相关系统制度,加以系统的信息集成,调整相关信息设置,为企业提供准确的数据信息,将大数据系统与财务数据对接,从而达到有效的事先预测、计划与决策程序,实现事中控制。

第四节　财务共享的智能化发展

一、智能时代的财务变革

智能时代,财务管理也会发生翻天覆地的变化,而且,财务智能化是不可避免的,尽管绝大多数的财务管理人员还没有完全意识从手工会计时代到网络会计时代逐步发展到未来智能会计时代给财务管理带来怎样的影响,智能会计时代会潜移默化地改变现代企业财务管理。

我们并不需要从技术角度来分析智能化财务管理如何利用人工智能加以研究,更关心的是智能时代下财务管理要素架构会发生什么样的改变,也可以预见人工智能时代是如何改变企业财务管理组织模式。智能时代给财务人员带来网络财务和智能财务的认知升级以及对财务信息化系统技术提升提供了依据,也给财务管理专业领域带来根本性的改变。

如图 8-17 所示,智能时代下的财务管理和财务人员从组织模式、人员认知、信息技术等方面全方位地改变着财务的方方面面。

（一）智能时代促使财务组织模式变革

新经济环境下财务管理环境发生了重大变革,财务会计知识结构一直在进化和演变,财务知识与现代技术的发展是相匹配的。智能会计时代的财务管理在组织层面上发生重大变革,可以从学科发展战略、专业发展方向、财务共享知识、业财融合状况四个方面对外拓展。智能会计时代的财务组织将具备更多与人工智能时代计算机技术和网络技术特征相匹配的新职能。如大数据分析、人工智能技术、云计算、移动互联和财务共享等。财务管理机构将从刚性管理向柔性管理方面转移,为业务活动和业务管理提供更加丰富和灵活的支持。

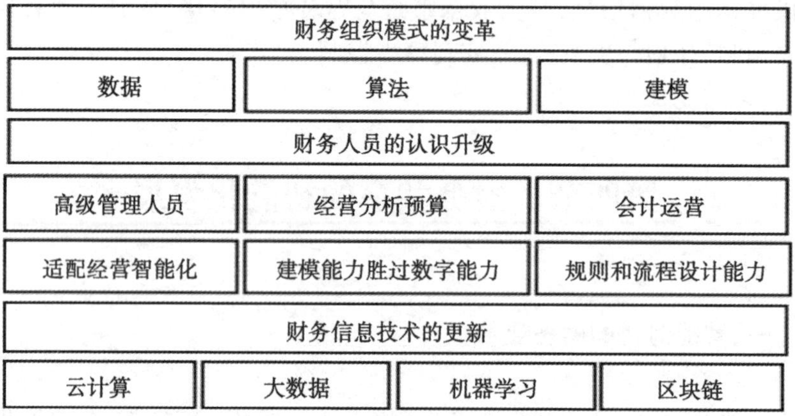

财务组织模式的变革		
数据	算法	建模
财务人员的认识升级		
高级管理人员	经营分析预算	会计运营
适配经营智能化	建模能力胜过数字能力	规则和流程设计能力
财务信息技术的更新		
云计算	大数据	机器学习	区块链

图 8-17　智能时代对财务的改变

人工智能时代财务机构的工作核心是与财务云计算、大数据分析、财务机器人、区块链、移动互联等技术进行协同。一方面,智能会计时代的各种新技术需要有相互关联的智能财务机构进行匹配;负责财务数据管理和财务信息管理系统维护;财务数据运营团队的建立和运行;组建财务建模团队提高财务人员财务算法学习能力。另一方面,财务管理团队需要与拥有能够运用智能技术的专业技术人员相结合,组建大数据分析能力比较强的智能风险控制团队;组建能够运用大数据进行资源配置的技术管理团队和财务预测计算技术的预算管理团队等。时代发展是循序渐进的,智能技术人才、新型财务机构及相关资源管理也可能在一个比较长的时期共存。在智能会计时代,财务管理变革的合理路径就是完善前瞻性的组织架构理念变化和智能时代性明显的财务人员培养,最终建立新型财务机构和财务信息管理系统。

(二)智能时代促使财务人员的认知升级

随着智能时代的来临,人工智能、信息技术等的快速发展,人们的思想观念发生了巨大变化，各行各业的变革愈加猛烈，使人们的工作方式相比以往有很大不同，并在持续发生变化。而智能技术与专门技能正是商业模式与管理模式变革的关键要素。智能时代这一大背景下，管理模式的重要性已经等同于经济发展，并对财经界及其财务人员产生重大影响。

当然，企业财务人员的认知及转型不是一蹴而就的，不仅要将自身融合到全新的管理制度中，还要掌握全新的工作方式与方法。同时，对于转型的重要性与必要性应有充分的认识，将思想观念及时更新，清楚的知道转型更容易使目标得以实现，而不转型只能面临淘汰，这样才能将转型升级效果最大化。

从工作层面上看，处于传统财务会计工作模式下的财务人员的工作模式已经越发僵化，虽然业务量足够充实，但多是简单、重复的工作内容，对自身发展十分不利，并且也没有多余的精力推动全面革新。从心理层面上看，由于财务人才大多工作稳定，经过一段时间后，工作习惯将会定型，很难愿意接受全新的工作方式，同时，忧患意识与进取精神在岁月的消磨中会消耗殆尽，在心理上很难支持财务的全面变革。受到这两方面因素的影响，财务人员的成功转型举步维艰。为此，应该认识到财务人员的转型应以改变其思想观念为出发点，将企业的发展结合于财务人员的自身命运与个人价值的实现。财务工作是企业发展的重中之重，应通过提高财务人员的地位，激发其积极性，同时进行针对性培养，使他们提高对相关技能的掌握，从而促进工作效率的提高，在这样的情况下，财务人员将会为企业的建设与发展注入新的活力。

实行智能化管理需要规范的方案主要包括以下几个方面。

（1）完善各企事业单位的信息管理网络，招聘培养专业化的人才，针对具体的工作内容，分配对应的人才，各司其职，实现机器和资金运营工作的高效管理。

（2）对于网络的总体管控，也要设计科学可行的体系，针对程序应用和网址访问，加入细致严谨的信息核实系统，保证信息分享的秩序性。

（3）网络信息分享建立在安全可行的基础上，利用专业的计算机技术，建立安全防护系统，维护企事业单位资金运营相关信息的正常流通，保障信息共享的稳步进行，通过科学的手段，为信息分享保驾护航。

建立稳固的硬件程序，形成刀枪不入的城墙，保障企业资金流动信息的安全性,可以设置层层关卡,不留一丝缝隙,在防火墙的基础上,再罩上一层保护膜,设计密码保护程序,加以科学识别验证的方法,充分保护企事业单位资金的安全。利用计算机技术,为信息共享加上层层防护,加强防控病毒和信息监管,避免一切病毒程序的攻击。

(三)智能时代带来财务信息技术的变革

在财务信息技术方面,对人工智能会计的影响和会计信息利用变化影响很大。如前所述,新经济环境下人工智能的核心是大数据、信息技术和财务机器人等技术的发展和进步。特别是云计算的进一步发展对财经大数据和财务机器人的计算能力起到决定作用。由此衍生出的物联网、区块链等新兴技术对财务管理也会产生非常重要的影响。

总之,财务智能化时代管理需要规范的财务管理方案,主要包括以下几个方面。

(1)完善各企事业单位的网络信息管理系统,需要招聘、培训、培养专业化的人才,针对具体的财务管理工作内容,分配对应的财务会计专门人才,实现财务机器人和资金运营管理工作的高效合理运转。

(2)对于网络技术时代的总体管控,财务数据系统也要设计科学可行的体系。财务人员应该针对程序应用和网址访问,设计财务管理系统架构,加入信息核实系统,进行数据查询和分析,保证信息分享的秩序性。

(3)网络信息系统是建立在安全可行财务数据信息系统基础上,利用专业的计算机技术和网络信息系统,建立安全防护系统;通过科学的手段,确保企事业单位资金运营中信息数据相关信息的正常流转;通过制度建设保障信息共享的稳步进行,为财务信息系统共享保驾护航。

建立稳定的财务管理信息系统,保障企业资金流动信息的安全性,利用信息系统密码保护程序,通过科学的影像识别验证系统,充分保护企事业单位资金的安全。计算机技术和网络技术的进一步发展,也为财务信息共享系统加入了层层防护,专门针对病毒防控和信息监管等方面设计程序和方法,避免一切病毒程序对财务管理系统的攻击。

二、智能化财务管理

（一）智能化财务管理功能

1. 功能架构的智能数据层

人工智能技术在各个方面的应用推动了财务管理功能智能化,传统财务管理信息化系统架构将发生重大变革。财务管理智能化最重要的是财务数据与大数据系统融合的内涵发生的变化。在传统财务管理信息系统架构下,结构化数据是财务系统处理的主要对象。大数据技术融入企业业务活动以后,结构化数据的局限性无法完全满足智能化财务管理需求和财务信息系统对数据的需求。非结构化数据随着智能化融入经济活动管理,并且成为非常重要的财务数据的构成部分。因此,在功能架构的数据层面上,财务数据的整合和处理系统对结构化数据效应进行了优化,有效促进了非结构化数据的业财融合。对智能化财务数据提供相应的管理功能,从数据的采集管理、分析评价管理、财务对接管理、财务数据存储管理等方面设计数据管理系统,促进支持相应功能的融合。

2. 功能架构的智能引擎层

财务管理功能架构在智能时代下应该引入智能引擎层,对财务信息系统进行智能化架构升级,将关键支撑技术智能化、组件化、系统化,依靠引擎形式支持不同财务管理和经营业务场景的应用。引擎层是通用技术平台,将经营管理大量数据系统进行整合。在不同的应用场景下,通过引擎层的牵引可以灵活协调相关配套的业务应用。大数据引擎层可以实现整个财务信息架构数据系统与底层技术工具的共享。智能时代财务功能架构的智能引擎层在财务信息化架构的引擎主要包括以下几个方面。

（1）智能化系统识别图像引擎。

人工智能时代智能图像识别引擎主要通过对业务活动相关原始单据图像化并建立图片信息的识别系统。图像识别系统能够支持对结构化数据的采集和应用;支持对非结构化数据的信息识别和系统图像化。

利用财务机器人来提升图像智能化能力，通过引擎可以提高自身的图像识别能力，从而扩大可应用的价值和场景。

（2）智能化系统规则引擎。

作为人工智能化初级应用，首先应该建立财务系统智能化规则引擎，它在整个财务信息系统化内部规则制定中发挥重要的作用。智能化规则引擎可以支持信息系统在财务管理操作流程中运行，基于规则引擎对财务数据进行大量分析、判断、核算、调整、审核和分类等方面的应用。完善引擎规则应该依赖经验分析，也应该依靠财务机器人实施辅助规则引擎。

（3）智能化系统流程引擎。

人工智能时代使智能化财务系统业务活动处理流程化成为必然，流程引擎对业财融合具有非常重要的作用。一个好的流程引擎可以全面提升财务信息系统中财务处理的流程化水平。由规则引擎驱动经营活动流程引擎，并且推动财务机器人对规则引擎进行优化，流程引擎与规则引擎的结合最终使流程引擎能力得到提升，更加完善智能化财务系统。

（4）智能化系统云计算引擎。

智能化财务系统数据储存与应用应该依托云计算，大数据计算引擎相对独立，基于大数据技术架构，可以处理包括结构化数据和非结构化数据在内的海量计算。大数据计算引擎的实现，可以让大数据代替传统计算模式下的伪大数据，使财务应用场景得到真正的技术支持。

（5）智能化系统财务机器人引擎。

智能化系统财务机器人引擎主要是通过财务机器人实现监督学习和非监督学习；通过不同业务场景的大量业务和财务数据系统地学习与利用；通过制定相应的优化规则，进行流程优化和规则优化，依托规则引擎针对经营过程中的各种业务场景分析应用。财务机器人学习引擎成为流程引擎和规则引擎的引擎后台。

（6）智能化系统分布式账簿引擎。

智能化系统在区块链、物联网的应用中，需要在财务信息系统底层搭建各类分布式账簿，实现智能化系统在财务信息系统中的应用，通过引擎化的方式，将分布式账簿管理系统变得更为标准和可配置。智能化系统分布式账簿引擎需要区块链技术从计算技术概念到经营业务系统形成有效应用。有了分布式账簿引擎，可以促使区块链应用进一步加速，确保智能化系统进一步发展。

3.功能架构的智能应用层

功能架构的智能应用层是业务活动在财务核算中最重要的一个层次。在经营业务智能应用层中，一般从财务业务模块智能化和信息技术模块智能化两个角度实现了场景功能的匹配。功能架构的智能应用可以促进智能时代财务信息化在应用层面相对清晰的功能场景蓝图。通过智能化应用可以进一步深化智能时代技术进步。通过企业经营过程的思维导图深度应用对财务管理信息系统进行规划和实践，可以从财务业务视角来逐一说明。

（1）智能运营共享。

从人工智能时代运营共享角度来说，智能化的应用场景方面能够充分利用信息智能化系统。区块链技术在智能合约中的应用；人工智能技术在财务核算领域以及智能图像识别、智能审核、智能风控、智能结算领域的应用；大数据在运营分析领域的应用等。在企业经营管理作业运营的特点方面，信息技术的进步可以突破数据利用的禁锢，最直接的提升企业经营活动本身对运营效率的应用。

（2）智能资金／司库管理。

从人工智能时代的资金管理需求来看，资金和司库与财务共享流程密切相关，其中部分管理需求被纳入共享运营中。资金管理和司库管理的智能化应用在于提升财务数据和财务核算流程的组织分析能力、决策能力和应用基础能力。此外，物联网技术对信息系统、行政办公、用印安全等方面的管理也将发挥重要作用。

（3）智能会计报告。

从人工智能时代的财务报告系统来看，会计报告在智能技术的应用主要集中在云计算、物联网技术、区块链对关联交易以及业财融合的一致性方面的绝对支持。同时，智能会计报告使用大数据与财务数据结构，采用智能编辑和智能营运来实现财务场景应用于会计报告的智能变化。智能化系统引发对未来配套财务软件在智能化应用的支持。

（4）智能税务管理。

从人工智能时代的税务管理来看，税务风险控制方面完全可以采用人工智能技术应用来实现。智能时代财务管理支持税务管理智能化。首先，可以将税负分析、税费预测引入大数据分析和智能化财务管理；其次，充分利用企业经营活动中税务管理的智能化思考，通过内外部数

据来提升税收分析质量；最后将税务管理中所涉及的智能化技术在应用场景上使用，可以充分融合智能税务并前置到其他业务或财务系统中去，提高企业税收筹划智能化能力。

（5）智能费用管理。

从人工智能时代的成本费用管理来看，可以考虑将成本计算、成本控制、费用分析等方面与大数据相结合，突出成本费用管理的智能化，充分利用移动互联技术，促使生产、销售、服务及商品采购的智能化前置和网络信息化线上管理，从而获得更好的管控效果，降低企业成本费用水平。

（6）智能预算管理。

从人工智能时代的预算管理来看，预算管理智能化技术应用可以充分集中在大数据方面。通过大数据应用和智能化技术，加强对企业财务预算和资源配置优化，提升企业经营管理智能化能力，加强智能化预算管理。

（7）智能管理会计。

从人工智能时代的管理会计来看，在技术层面上加强管理会计要素的应用，突破基于传统技术方式的预测、计划、控制、决策和责任管理。管理会计报告智能化包括报告编制、报告数据、报告应用等方面。可以考虑采用智能编辑模式，促使管理会计报告数据合理性，可以考虑盈利分析引入数据系统应用，增强分析的实用性，通过企业决策能力。

（8）智能经营分析。

从人工智能时代的经营分析来看，大数据能够较大可能性在经营分析方面广泛应用。通过智能技术进行经营活动分析，通过大数据范围的扩大和智能财务相关性分析的引入，提升财务指标的准确性和经营分析能力。

（二）财务与科技的信息化协同

智能时代，财务信息化的架构发生了很大的改变，这主要体现在财务数据和智能技术层面：在财务数据收集、处理、应用层面，可以实现从结构化数据对财务管理的应用到非结构化数据对业务管理的运行；在智能技术层面，主要表现在大数据技术、云计算与存储、财务机器人、物联网技术等新技术引擎在财务信息化管理中的应用。

在实际的应用场景中,财务与科技的信息化协同主要表现在两个方面:一方面,传统的财务信息化应用场景会被优化,形成更为高效或有用的升级场景;另一方面,基于新技术的新应用市场也将大量涌现。在这样的背景下,财务部门内部、科技部门内部、财务部门和科技部门之间的协同变得更加复杂,也尤为重要。而我们不得不正视的是,智能时代已经来临,很多企业财务部门、财务共享中心、财务资金营运中心和科技部门都没有做好相应的准备工作,如何应对快速来临的技术革新,往往有些不知所措。因此,认真地研究智能时代可能给传统的财务和科技协同关系带来怎样的挑战,以及构建怎样的新机制来积极面对就变得迫在眉睫和至关重要。财务与科技的信息化协同如图 8-18 所示。

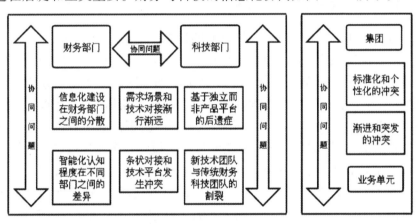

图 8-18　智能时代财务与科技的信息化协同

智能信息化时代,各个企业单位都实行信息一体化管控,企业资金信息化运营模式是重中之重。智能化信息管理要遵循科学化和合理性原则,要求财务管理部门推动智能化应用;推进企业相关部门尽快实现财务管理系统信息公开和共享;使得企业的资源数据在经营活动中被充分合理地应用;保证大数据的信息传输快速合理,切实维护信息的精确有效;通过财务共享中心营运实现财务管理工作是多个部门的共同目标。企业的信息流动管控应该实现智能化,各部门协同合作要遵循真实性,促使财务信息互相交流,加强各个营运部门与财务共享中心的互动能力,推动信息化数据管理的发展与财务监督共同进步,增强智能财务中心活动对信息资源的利用和掌握能力,提高企业资金运营能力。

（三）云财务

云财务是基于云计算的云会计平台，是指用户通过互联网计算企业经营活动数据。利用计算机终端或手机端将企业业务财务数据在云会计软件上储存；将大数据对经济业务形成的凭证进行会计核算业务处理；为会计管理提供应用数据和对经济活动会计决策进行处理；并通过相关接口对接云储存数据系统与国家相关系统大数据对接，从而实现自动计税和财政收支平衡；自动缴税减少企业人力资源成本，实现自动缴费等的各个方面的虚拟会计信息系统。

1. 云财务对企业发展的作用

（1）云财务为战略决策提供有效的信息。

战略决策是企业长期发展的核心，企业规模由小变大是战略思维，实力由弱变强也是战略思维。企业新资本的不断注入扩充保证资金流充足；设施设备的不断大量投入保证资产结构合理化；业务规模的不断扩张有利于企业活水源头。也有一些企业因决策信息不对称和信息资源失真造成了投资的盲目性，给企业带来了损失。企业规模与企业信息化程度密切相关，也有可能企业信息平台的高低呈逆向态势，究其原因是信息不对称造成的。云计算、云财务的有效使用，促使企业信息资源系统的完整性，可以使企业在同一平台上获取云财务战略投资信息，在进行战略投资时决策者可以有效利用财务信息保证投资过程的可行性、完整性、真实性。

（2）云财务可以降低企业信息化成本。

云计算思维促进了云概念的进一步发展，按照云计算模式来分，可分为私有云、公有云、混合云等形式；按照规模来分，可分为大数据云和局域云。云计算技术在财务信息化方面进行计算、运用和储存，形成云财务。云财务可以分为私有云财务、公有云财务和混合云财务。云财务由计算机硬件与财务核算系统软件组成，云财务使用者、云财务系统开发商的服务对象一般不需提供前期的信息化开发建设费，也不需要对云计算系统进行维护，也不会发生使用中的维护费。所以，对不同企业特别是小微企业而言，可以利用已经开发成型的"公有云财务"共享模式。该共享模式可以享受现代社会信息化服务，也可以大大降低企业财务信息系统使用信息化方面的成本费用；依靠云服务企业直接租用云服务商提供的云储存，只要价格合理就能够快速访问，广大企业用户只须支付硬件、软件方面的费用；也不需要承担云财务服务单位的维护与管理费用，可以降低企业营运成本。

2. 云财务营运存在的主要问题

云财务是"互联网+"下的必然产物，它对企业的战略发展、内部控制和提高经济效益将产生积极的影响。但在云财务建设中却存在环境不佳、认知粗浅、云数据安全隐患等诸多问题。为此，国家与云商、中小企业要协同采取措施，以保证云财务的有效使用。

（1）云财务建设环境影响比较大。

①云财务服务商产品应用缺乏实用性。云计算和云储存对云财务影响很大，云财务产品服务商提供的很多产品应用缺乏实用性。主要有两个方面原因：首先，很多财务云是公用模式，不是根据企业实际情况定制。为了降低开发成本，云财务开发服务商一般会针对大型单位与集团公司进行财务云定制。财务内部功能的分布开发和应用与操作化流程独特性开发成本费用比较大，一般中小企业无法支付云财务相关费用；其次，大部分企业需求功能不完整。云财务开发服务商无法给中小企业开发相关云产品，主要原因是中小企业只注重低档资金收付与会计核算，暂时需求功能不完整，没有将财务与业务融合，为了降低服务费用，没有将财务控制融入企业内部控制各个环节；不能为经营决策、风险评估提供有用的财务与业务信息。

②国家的宏观调控与微观支持不到位。新型事物往往要经过一个比较长的经历，目前相对于云财务产品的基本标准没有完整指标。各个云财务开发服务商只能按照自己的设想开发云财务产品。国家的宏观调控与微观支持不到位也造成了不同云商的产品的基本功能不能完全共享，因此也可能限制了企业发展需要，也限制了企业自由选择云商产品。再加上目前国家还没有出台明确的政策对企业云财务信息化建设方面进行鼓励。

③云产品影响使用者信任度。云计算技术不断发展直接影响云财务水平，很多云服务商在理论上探讨云财务的功能和云财务技术为企业带来什么样的实质性作用。但目前并没有一个功能齐全、操作简便、数据安全、价格实惠、互联畅通的云产品让人折服。个性化云产品对云服务商要求比较高，需要集中精力为企业设计发展所需的开发产品并且合

理应用。

（2）云财务的认知层面不全面。

投资者关注点是企业如何保证营业运转，扩大经营规模，降低运行成本，提高财务效益等方面，财务系统信息化的发展受到影响。企业一般认为电算化或云财务费用是一种浪费，业务都可以依靠计算机储存和财务处理替代手工记账就可以了。如果企业经营规模小，经营活动量比较小，无须将过多的人力、物力与财力投入到云财务信息系统的开发。很多企业的财务人员局限于知识层面，还不知道"财务云"的概念和主要用途。

（3）云数据安全性影响比较大。

云计算技术是人工智能时代的重要产物。企业财务功能与大数据中心的融合可以完美地增强数据平台适用范围。财务系统云计算、财务资料云处理、财务数据信息云储存能力越来越强。云数据中心建设与应用过程对云数据安全性影响比较大，云计算环境同样会影响云财务安全风险问题，要求企业提高数据中心安全防御力度。

财务信息是企业的核心经济信息，对企业经营管理十分重要，一般具有保密性。要求企业除非特殊的需要，财务信息都不能对外公开披露，当然上市股份制企业除外。企业内部的财务信息可以充分反映企业的融资规模与构成，可以真实反映企业投资流向与结构，也可以实现经营战略与发展趋向，还能够切实可行地评价企业的财务状况与盈利能力。财务内部信息影响企业的生存与发展，同样促使企业要求保密等级非常高，相关关键管理人员应该保证从职业道德层面或者法律层面要求保守企业商业机密，但意外情况和道德法律风险也是很大的。云财务可以防范这一信息风险问题。企业可以将财务的原始信息、处理过程和结果通过互联网传输到云终端，并使用信息系统经过财务云平台进行标准化的程序操作，加工成计算操作后的财务与经济业务数据，然后进行储存保留在终端的数据库里，避免了财务数据在传输、加工与存储中的风险和危害，特别是泄露、篡改与丢失方面的风险。各种云财务产品正常运行可以解决企业最担心的财务数据安全问题。信息体系有利于完善云财务的建设与发展过程中由风险造成的严重威胁。

3. 云财务有效应用的对策

云财务具有建设成本低、管理成本超低、运行环境灵活的优点，但也存在安全系数低、迁徙成本高、内控难度大的缺陷。根据云财务模式的特性与企业发展初始阶段对云财务的需求,二者匹配的关联度较高。为了确保云财务模式的有效运行,用户不但要做到云商选择的正确无误,而且还要开发具有个性化的云财务产品,精心打造自己的云财务操作团队,从微观和宏观上做好云财务的应用与开发工作。

(1)开发具有个性化的云财务产品。

云财务产品市场情况如何与企业用户对云计算、云财务等计算技术的了解有关,最主要的是与不同企业对象需求有关,要求云财务服务商按用户需要去研究开发产品,并且根据市场发展和产品的共性与个性有机结合。

①保证云财务满足不同企业需求。每一个企业对云财务都有需求,集团公司、大型企业、跨国公司、上市公司与一般的中小企业对云产品的结构和功能方面的需求各不相同。即使属于同一规模而处于不同的产业或行业的企业在结构和功能方面对云财务的产品需求也各不一样。产品制造企业需要有原材料的购进、产品销售、产成品的储存方面预测与核算模块,还需要市场预测、成本控制、生产计划、会计核算、业绩考核、成果分析等方面的功能模块;商品流通贸易企业只需库存商品的购进业务,商品销售、库存商品存储业务方面的模块。如果充分考虑了企业在不同方面的个性需求,也可以考虑一些共性的因素,如货币资金模块、固定资产模块、往来款项模块、实收资本模块,销售收入、成本、税收、费用等经济业务方面的共性核算与内控。云财务产品的研发可以把握好共性需要,降低开发成本,更能彰显其个性需求,确保客户应用。

②保证云财务满足企业发展需求。新技术在企业发展过程中起着至关重要的作用,企业各个阶段由于发展需要对云财务的功能与质量要求都有独特的需求。所以,云财务开发服务商应该开发个性化的阶梯式云产品,并且保证云计算功能是由低端逐渐向高端融合贯穿式特点推动技术向上提升。同一企业在不同的发展阶段可能因为阶段需求选择不同的云财务模式,同时也要考虑发展需求保持数据信息的连贯性,主要是避免云财务建设成本投入的重复性。

(2)确保云财务数据信息的安全稳定。

①云数据在传输过程中的安全。数据传输与应用是云财务最常见的内容,企业要通过局域云将经济业务的原始数据通过外部形式的互联网传输至公共云端,安全问题非常重要。云财务开发服务商如何建立传

输线路隔离区在信息传输的整个过程中十分关键,既要确保信息数据的完整性、信息传输的稳定性,又要确保信息的安全性。传输途中不能被诸如黑客或者竞争对手非法截留与篡改,同时也要确保不能因技术问题导致关键财务信息数据的失真或丢失。随着智能手机为代表的移动终端可能成为企业自动化办公和信息技术发展的重要工具,也给移动终端安全问题提出了技术难度,也是财务云顺利使用和推广过程中非常关键性的问题。

②云数据在储存过程中的安全。云数据存储安全是目前云计算面临的最大威胁。企业将经济业务数据储存在互联网状况下的公共云端,云财务开发服务商对数据安全有重要责任。采用分布式数据储存方式也是可以分散经营风险和财务风险的方法。对于具体客户而言,云计算、云财务、云储存是新技术,财务信息数据存在何处不清楚,如何确保对财务信息保密也无法自身驾驭,财务数据的安全问题基本上是依靠云财务服务商来解决的。安全问题不仅考验云服务商职业道德,也考验云服务商防盗信息技术水平。国家应出台相关的法律法规,规范云服务商行为,加大对云商的制约和规范,同时针对黑客扩大打击力度。

③云数据在使用过程中的安全。使用数据也存在风险。一些企业的管理者对于数据使用安全意识比较淡薄,财务人员财务信息数据保密意识也不强。云服务商一方面要提供财务云服务,设立责任条款,确保云财务数据保密与泄密责任落实;另一方面要向企业管理者提供云数据安全意识教育,确保用户安全使用云数据。协助客户建立严格云数据上传、储存、使用等内部账号密码,促进云财务数据安全保密动态管理,同时也有效防止病毒入侵与黑客的攻击。

(3)从宏观上规范引领云产品服务。

云财务的发展涉及国民经济各个行业,甚至影响整个国家的经济发展。所以,国家相关部门在战略的高度上规划云服务方向,建立云服务制度,制约对云财务的有效开发利用。

①健全云财务产品标准化管理。制定法律规范是保护云财务的重要手段,国家相关部门应该制定云财务开发的统一基本标准,规范云计算功能架构,确保各个云计算服务商在开发云产品时制定输入输出端的标准化指标、标准化操作流程,以实现整个云产品系统的共享。标准化管理可以杜绝云计算服务商之间实行产品壁垒,确保开发云财务产品的数据应有可迁徙性的同时提升自己的云产品与服务质量。

②加强云财务开发资金的投入。为了保证云计算、云财务科学开发，国家应该选择适当的产业、行业和企业，按国家规定的基本标准进行研发投入，帮助云财务产品升级开发。以财政资助的形式帮助云计算产业建立相关研究开发与试用基地；组织行业内部广泛探索云财务技术升级的研发与试用经验；国家宏观经济部门要注意其他信息化产品与云产品研发的数据兼容性。加强云财务开发资金的国家投入，为国家云计算基地地建设起到示范与引领作用，推动"中国云财务"的有效建设。

参考文献

[1] 柏思萍 . 财务共享应用 [M]. 北京：中国财政经济出版社，2020.

[2] 蔡永鸿 . 会计信息化 [M]. 北京：中央广播电视大学出版社，2014.

[3] 陈虎，陈东升 . 财务共享服务案例集 [M]. 北京：中国财政经济出版社，
2014.

[4] 陈虎，董皓 . 财务共享服务 [M]. 北京：中国财政经济出版社，2009.

[5] 陈虎，孙彦丛 . 财务共享服务：第 2 版 [M]. 北京：中国财政经济出版
社，2018.

[6] 陈虎，孙彦丛 . 财务共享服务 [M]. 北京：中国财政经济出版社，2014.

[7] 陈虎，孙彦丛，赵旖旎，等 . 从新开始：财务共享 财务转型 财务智能
化 [M]. 北京：中国财政经济出版社，2017.

[8] 陈剑，梅震 . 构建财务共享服务中心：管理咨询→系统落地→运营提
升 [M]. 北京：清华大学出版社，2017.

[9] 陈平 . 财务共享服务 [M]. 成都：西南财经大学出版社，2020.

[10] 董皓 . 智能时代财务管理 [M]. 北京：电子工业出版社，2018.

[11] 葛军 . 会计学原理 [M]. 北京：高等教育出版社，2004.

[12] 贾小强，郝宇晓，卢闯 . 财务共享的智能化升级 [M]. 北京：人民邮
电出版社，2020.

[13] 焦永梅，张慧芳 . 财务管理 [M]. 郑州：黄河水利出版社，2017.

[14] 刘柏霞，徐晓辉 . 企业财务分析 [M]. 北京：中国轻工业出版社，
2018.

[15] 刘赛，刘小海 . 智能时代财务管理转型研究 [M]. 长春：吉林人民出
版社，2020.

[16] 马建军 . 财务共享实训教程 [M]. 北京：电子工业出版社，2017.

[17] 马建军. 财务共享综合实训 [M]. 北京：电子工业出版社, 2019.

[18] 南京大学智能财务研究课题组. 智能财务教程 [M]. 南京：南京大学出版社, 2019.

[19] 饶艳超. 财务共享服务沙盘模拟教程 [M]. 上海：上海财经大学出版社, 2017.

[20] 任振清, 王思明, 雷雨露. 财务数字化转型：大型企业财务共享服务中心运营实践 [M]. 北京：清华大学出版社, 2022.

[21] 石贵泉, 宋国荣. 智能财务共享 [M]. 北京：高等教育出版社, 2021.

[22] 时强. 大型煤炭企业财务管控信息化研究 [M]. 天津：天津科学技术出版社, 2019.

[23] 孙允午. 统计学：数据的搜集、整理和分析 [M]. 上海：上海财经大学出版社, 2009.

[24] 天津市会计学会. 2019 会计学术集萃 [M]. 天津：天津科学技术出版社, 2019.

[25] 田高良. 财务共享理论与实务 [M]. 北京：高等教育出版社, 2020.

[26] 涂子沛. 数据之巅：大数据革命, 历史、现实与未来 [M]. 北京：中信出版社, 2014.

[27] 万希宁, 郭炜. 会计信息化 [M]. 武汉：华中科技大学出版社, 2009.

[28] 王德发. 统计学 [M]. 上海：上海财经大学出版社, 2012.

[29] 王凤燕. 财务共享模式下的内部控制与企业绩效研究 [M]. 北京：中国社会出版社, 2019.

[30] 王兴山. 数字化转型中的财务共享 [M]. 北京：电子工业出版社, 2018.

[31] 王云, 郭海峰, 李炎鸿. 数字经济：区块链的脱虚向实 [M]. 北京：中国财富出版社, 2019.

[32] 吴践志, 刘勤. 智能财务及其建设研究 [M]. 上海：立信会计出版社, 2020.

[33] 徐志敏, 邵雅丽. 云计算背景下的财务共享中心建设研究 [M]. 长春：吉林人民出版社, 2019.

[34] 于颖. 企业会计学 [M]. 北京：对外经济贸易大学出版社, 2008.

[35] 曾玲芳. 会计信息化实务：财务链篇 [M]. 大连：东北财经大学出版社, 2017.

[36] 曾玲芳. 会计信息化实务：会计链篇 [M]. 大连：东北财经大学出版

社,2017.

[37] 张奇.大数据财务管理 [M].北京：人民邮电出版社,2016.

[38] 张庆龙,董皓,潘丽靖.财务转型大趋势：基于财务共享与司库的认知 [M].北京：电子工业出版社,2018.

[39] 张庆龙,聂兴凯,潘丽靖.中国财务共享服务中心典型案例 [M].北京：电子工业出版社,2016.

[40] 张庆龙,潘丽靖,张羽瑶.财务转型始于共享服务 [M].北京：中国财政经济出版社,2015.

[41] 张毅,王立峰.信息可视化设计 [M].重庆：重庆大学出版社,2021.

[42] 赵蓉英.信息计量分析工具理论与实践[M].武汉：武汉大学出版社,2017.

[43] 郑莉.数字艺术设计实践探索 [M].长春：吉林美术出版社,2019.

[44] 周朝琦.企业财务战略管理 [M].北京：经济管理出版社,2001.

[45] 周苏,王文.大数据及其可视化 [M].北京：中国铁道出版社,2016.

[46] 李菁菁.大智移云背景下企业财务共享中心建设研究：以中兴通讯集团为例 [D].昆明：云南财经大学,2020.

[47] 于琳琳.基于区块链技术下的黑龙江省高校财务共享平台建设研究 [D].哈尔滨：哈尔滨商业大学,2019.

[48] 褚燕.云财务共享服务模式设计：以费用报销流程为例 [J].价值工程,2015,34（10）：3.

[49] 管晨智,管友桥.云财务在中小企业中的有效应用初探 [J].商业会计,2018（1）：3.

[50] 刘钦.数字化时代下的业财融合路径构建与研究 [J].纳税,2021,15（4）：119-120.

[51] 路迪.大智移云背景下企业财务共享中心建设分析 [J].纳税,2021（3）：66-68.

[52] 张锋军.大数据技术研究综述 [J].通信技术,2014（11）：9.